部屋にはだれもいません。
バルコニーに続く窓が大きく開かれていて、外には家々の窓灯りが、星空のようにキラキラ輝いています。

バルコニーの手すりに、一羽のフクロウがとまっています。
フクロウはやさしい顔つきで、何かを静かに見下ろしています。
フクロウのまなざしの先にあるのは、大きな植木鉢です。
たっぷりと土が入った植木鉢の脇に、ジョウロも置かれています。

SANNEN NO HOSHIURANAI
SAGITTARIUS
2024-2026
ISHIIYUKARI

3年の星占い 射手座 2024-2026

石井ゆかり

すみれ書房

はじめに

こんにちは、石井ゆかりです。
本書は2024年から2026年の3年間、射手座の人々が歩んでゆくかもしれない風景を、星占いを用いて描いた1冊です。

3年という時間は短いようで長く、奥行きも深く、ひとまとめにして描き出すのは容易ではありません。本書はシリーズ4作目となるのですが、どう書けば読者の心に生き生きとした「3年」が浮かび上がるだろう、と毎回悩みます。短い小説を書いてみたり、おとぎ話ふうに仕立てたりと、これまでさまざまに試行錯誤してきました。

そこで今回たどり着いたのが「シンボル（象徴）」です。

世の中には「シンボル」がたくさんあります。「フクロウは『不苦労』で縁起がよい」「鳩は平和のシンボル」など、置物やお菓子のモチーフになったりします。ニューヨークの「自由の女神像」のような大きなものから、襟元につける小さな「てんとう虫のブローチ（幸運を呼ぶ）」まで、人間は森羅万象、ありとあらゆるものに「意味」を見いだし、それを自由自在にあやつって、ゆたかな精神世界を編み上げてきました。

象徴など信じない、という科学的思考のはびこる現代社会にも、たとえば「国旗」「県の花」などがバッチリ制定されていますし、会社を設立すればたいていは、すぐにロゴとマークを制作し、名刺などに刷り込みます。これらも立派な象徴、シンボルです。現代を生きる私たちも、まだまだシンボルを手放したわけではないのです。

実は「双子座」「蟹座」などという星座、さらに「木星」「土星」などの惑星も、私たちがそこに意味を見いだした象徴、シンボルそのものです。

「シンボル」には、いい意味も悪い意味もあります。たとえば「サル」は賢さを象徴する一方で、ズルさを表すこともあります。たいていのシンボルは両義的、つまり吉凶、善悪の両方が詰め込まれています。

「シンボル」に与えられた「意味」を調べるのは、辞書で単語の意味を引くのに似ていますが、その広がりは大きく異なります。シンボルはそれぞれがひとつの宇宙のようで、そのなかに実に豊饒な世界を内包しているからです。

さらに、シンボルは想像力、イマジネーションでできあがっているので、外界に対してかたく閉じているわけでもなければ、その世界のサイズが決まっているわけでもありません。どこまでも広がっていく世界、ときには外界から新風さえ吹きこむ世界が、シンボルの抱いているミクロコスモスなのです。

たとえば「双子座の人」「乙女座の人」と言ったとき、その人々のイメージをひと言で限定的に言い表すことは、とてもできません。同じ双子座の人でも、その個性はさまざまに異なります。でも、そこに何かしら、一本似通ったベースラインのようなものが感じられたとしたら、それこそが「双子座」というシンボルの「軸」の感触なのです。シンボルとはそんなふうに、広がりがあり、開かれてもいる「世界観」です。

多くの人が、好きな数字や花、なぜか自分と近しく感じられる場所などを、心のなかに大切にあたためて「特別あつかい」しています。あらゆる物事のなかから特別な何かを選び出し、自分とのふしぎな結びつきを読み取る心が「象徴」の原点にあるのだろうと、私は考えています。どれだけ科学技術が発達し、多くの人が自然科学にしか「エビデンス」を求めなくなっても、人の心が象徴を追いかける仕組みは、なかなか変わらないだろうと思います。

この3年間を生きるなかで、本書の軸となった「シンボル」が読者の方の心に、やさしい希望のイメージとしてよみがえることがあれば、とてもうれしいです。

3年の星占い―射手座―2024年-2026年◎目次

第1章　3年間の風景

ブックデザイン
石松あや
（しまりすデザインセンター）

イラスト
中野真実

DTP
つむらともこ

校正
円水社

1

3年間の風景

3年間の風景

冒頭の風景は射手座の2024年からの3年間を見渡して、私が選んだ「シンボル」です。「なぞなぞ」のようなもの、と言ってもいいかもしれません。

以下にキーワードをいくつか挙げながら、「なぞなぞのたねあかし」をしてみたいと思います。

・「内界」から始まる

――夜の部屋

射手座の「3年」の始まりは、1日の時間帯にたとえると、夜です。
すべて光あるもの、動きのある星が水平線の下に入っています。

夜、人は何をするでしょうか。
夜勤に従事する人が、たくさんいます。

そのほかのさらに多くの人たちは、家にいます。

日が暮れたあと、人々は家に帰り、食事をとり、入浴し、休憩し、眠ります。

身近な人の世話をする人、家事をする人、持ち帰った仕事をする人がいます。

また、ゲームをしたり、趣味の活動をしたり、本を読んだり、動画や音声コンテンツを楽しんだりして、リラックスする人もいます。

将来の夢のために、訓練や勉強をする人もいます。

ストレッチや筋トレ、エクササイズをする人もいます。

スキンケアやネイルアートにいそしむ人もいます。

1日のことを手帳にまとめたり、日記を書いたりする人もいます。

お茶やお酒を片手に、家族と話し込む人もいます。

友だちや遠く離れた家族と、電話やインターネットを介しておしゃべりする人もいます。

考えごとをする人、だれかに手紙を書く人、祭壇や仏壇の前で、ひとり涙を流す人もいます。

「家に帰ってからする、自分のこと」は、ほかにもたぶん、たくさんあります。

夜働いている人にとっては、朝から昼間が、こうした活動の時間にあてられるはずです。その場合、朝や昼が、象徴的な意味で「夜」と呼べるかもしれません。

このように、「夜」といっても、とても忙しいのです。


夜は、自分や自分の大切なもののための時間です。

損得や利害関係、社会的な立場、競争や覇権争いなどから、なかば離れられる時間です。

人としての「心」のための時間です。


2024年の年明け、あなたは「内側の世界」にいます。

家のなか、プライベート、自分の世界です。

　ここから徐々に外に出て行くことにはなるのですが、とにかくスタートラインでは「家のなか」なのです。

　たとえば先のページに羅列したような「夜、家ですること」が、この時期のメインテーマです。

　あるいは「家」そのものを作っている真っ最中、という人もいるでしょう。

「人生の目標」と言うとき、多くの人が職業的成功、社会的成功などをイメージします。あるいは、経済的成功を思い浮かべる人もいるかもしれません。

　ですが、本当にそれは「人生の目標」たりうるでしょうか。

　もちろん、「世界を股にかけて活躍したい」「ビジネスを成功させたい」「世の中をよりよいものに変えたい」「地位や名誉を手にしたい」等は、どれもすばらしい「人生の目標」です。

　その一方に、別の「人生の目標」のイメージがあります。

たとえば「幸福になりたい」「人と愛し合いたい」「安心して帰れる場所を得たい」「愛ある家庭を築きたい」「ライフワークを見つけたい」「故郷や大切な場所を守りたい」「家族や身近な人を守りたい」などがそれです。

前者の「社会的に意義のある活躍をし、成功したい」「この世の中で、何者かになりたい」という願いは、いわば「外界における目標」です。

後者の「大切なものを守りたい」「安心して帰れる場所がほしい」という願いは、「内界における目標」です。

人生に意味はあるか。

生まれてくることは、本当に善いことなのか。

そうした非常に深遠な、でも、多くの人が胸に抱いたことのある普遍的な問いの答えは、おそらく後者の、「内界での目標」のなかに見いだされるのではないかと思います。

もといい、出発点は「外界」にあったり、「外界での活動」を経由したりしたとしても、最終的な着地点は「内界」にあるだろうと思います。

「個人的なことは置いておいて」「私事で恐縮ですが」等々、人が自分個人としておこなうことは、得てしてないがしろにされがちです。

ですが「個人的なこと」をあとまわしにしすぎた結果、人生の終盤になって深く激しく後悔する人は、決して少なくありません。

もっと趣味や楽しみをだいじにすべきだった。もっと自分らしく生きたかった。もっと家族とすごす時間を作るべきだった。もっとコミュニケーションをとるべきだった。人目を気にしすぎて、自分や身内を傷つけてしまった。そうした悲しい後悔が、「個人的なこと」にはつきまとうのです。

また、個人的な思いを大切にしなかったばかりに、仕事や対外的な活動での後悔を抱える人もいます。たとえば、冤罪に加担してしまった裁判官。組織犯罪に加担してしまった会社員。ハラスメントを見て見ぬ振りした管理職。「あのとき、自分自身の良心、信念を貫いていれば！」と後悔するのは、個人としての自分を裏切った後悔と言えるでしょう。

個人としての思いを作る時間が「夜」です。

2024年のあなたは、そうした世界に立っています。

・時間をかけて作る「身内」

――窓から見える家々

――君がバラのために時間をついやしたからこそ、君のバラはあんなにたいせつなものになったんだ。

――ぼくがバラのために時間をついやしたからこそ……

王子は、忘れないように、くりかえしました。

――人間は、この事実を忘れてしまっている。でも、君は、忘れてはいけないい

よ。なじみになったものには、死ぬまでずっと責任があるんだ。だから君は、君のバラに責任があるんだよ……

『星の王子さま』サン＝テグジュペリ著　石井洋二郎訳　筑摩書房

有名な『星の王子さま』の一文です。

「外界」は社会、世の中、たくさんの他者が住む世界です。

一方「内界」は居場所、地域、故郷であり、身内の住む世界です。愛する人、守るべき人、損得ではなく、心や愛情、自分では選べないような縁でつながっている人々が住む世界です。

ここでの「身内」はかならずしも、「家族か、家族でないか」という線引きではありません。

たとえば、勤続何十年といった職場の、なじみの人々は、もはや「身内」でしょう。長年つきあって苦楽をともにしたクライアントや、毎日あいさつだけ交わしてもう10年以上が経つ隣人なども、いざトラブルや災害に見舞われたとき、かけがえのない身内なのだと感じられることがあります。

「時間をついやした」相手はいつのまにか、大切な、なじみあるものになるのです。

人間は心のなかで、「この人は身内か、そうでないか」をていねいに区別しています。非常に個人的な、大切な話をできる相手はかぎられています。また、リラックスして恰好つけずにいられる相手というのも、かぎられています。相手が自分を必要としている、愛してくれている、と信じられる相手は、そんなにたくさんは持てません。「そんな相手はひとりもいない」という人もいます。

たとえ「少し面倒くさいな」「そんなに好きじゃないな」と思えても、そばにいてよりそうことが「当然」と感じられる相手。そんな相手が「身内」なのだと思います。

この時期、あなたはそうした人間関係を中心に、生活を組み立てることになるでしょう。

大恋愛をして結婚したのに、家族になったとたんなぜかまったくわかり合えなくなるカップルがいます。

長い時間をともにしたのに、ちっともわかり合えない親子関係があります。

一方、子どものころには親と非常に関係が悪かったけれど、大人になって真剣に向き合い、対話を重ねて、おたがいに成長を遂げて、なんとか「関われる関係」を作り上げた、という人がいます。

恋人同士だったときとは全然違う立場になったけれど、長い時間を経て仲良く暮らしている、というカップルもいます。

そんなふうに、「身内」としての関係を作るには、時間がかかります。

思いきって闘い、努力を重ね、関係を再構築する人もいれば、最終的に「縁を切る」選択をする人もいます。

分岐点はどこなのか、何が正しかったのか、どこにも「正解」はありません。

ただ、そこには心と、努力と、時間があるばかりです。


新しい家に入り、そこが「安心できる場所」に変わるまで。

新たに出会った相手が、「安心できる身内」に変わるまで。

引っ越した先が「地元」に変わるまで。

ほかならぬ「自分自身」と和解するまで。

こうしたプロセスにも、絶対的な手間と時間がかかります。

2024年の入り口で、あなたはそうしたプロセスのまっただなかに立っています。すでにたっぷり時間をかけつつあり、これからもその人々、その場所に対して時間をかけてゆく覚悟が決まっています。

そして2026年2月ごろまでに、このプロセスは一段落します。

・「幸福な暮らし」を作る

――キラキラ輝く窓灯り

夜、家々の窓にともる灯りを見ると、ホッとした気持ちになります。そのなかにはたぶん、幸福な家族がいて、あたたかく和やかに暮らしているのだろう、と想像したくなります。おたがいが助け合い、いたわり合って生きていて、ここに住む人はみんな、この家に帰ってくることを喜んでいるだろう、と思えます。

ですが現実には、遠く見える窓灯りのなかで繰り広げられているドラマは、喜劇から悲劇まで、千差万別です。

外から見ているのと、なかに入ったのでは、まったく違う風景が広がっています。生活は、観念では処理できませんし、キレイゴトやリクツで整理しつくすこともできません。

暮らしは混沌としていて、矛盾をはらみ、多様な感情がぎゅっと詰まっています。そうした矛盾や混沌に痛めつけられ、だれかとともに暮らすことを拒む人もいます。

ひとりの暮らしも、家族での暮らしも、ペットとの暮らしも、どれも、かならず幸福でもなければ、かならず不幸でもありません。

どこにも一長一短があり、「この条件がそろっていれば絶対に幸福になれる」という条件は、存在しません。

幸福とは、非常にふしぎなものです。

だれもそれを完全には、定義できません。

目の前にあるときに気づかず、失ってからわかる幸福というものが、たくさんあります。

一方、自分は「幸福に生活している」と思い込んでいたのに、あとから振り返ればそれは地獄のような世界だったとわかる、といった現象も起こります。


それでも、人間は幸福になろうとします。

さらに、大切な人、身近にいる人を、なんとか幸福にしてあげたいと願います。

この「3年」のなかで、あなたはさまざまな角度から、幸福を探し、幸福を作るために試行錯誤することになります。

ひとりでいる時間が、幸福か。

みんなでいる時間が、幸福か。

両方ないとダメ、という人もいるでしょうし、どちらかに固定されていることに痛烈な苦しみを感じ、他方に転じたいと願っている人もいるだろうと思います。

昨今、SNSなどでシェアされる「キラキラした生活」「キラキラした生き方」にあこがれる人は少なくありません。その一方で、「キラキラ」を思い求めること、あるいは自分の生活が「キラキラしている」と表現し続けなければならないことに、「疲れた」と吐露する人もたくさんいます。毎日４時間しか睡眠をとらず、家事も仕事も育児も完璧にこなしている人々にあこがれても、実際に自分がそうなれたとして、果たして、幸福だと感じられるでしょうか。完璧に生きることで「幸福だ」と感じる人もいれば、そうでない人もいます。

キラキラした理想の生活は、ほかならぬ生身の自分にとって、幸福か。

理想の幸福と現実の幸福は、かならずしも、一致しません。

２０２４年から２０２６年頭にあなたが作り上げる幸福は、あなたにとっての幸福です。もし、あなたが整えた条件をほかの人に割り当てたとしても、きっとその人は幸福にはなれないでしょう。

鳥は飛ぶことが幸福ですし、馬は走ることが幸福です。

自分自身の「幸福な暮らし」は、自分の心身のすべてで創造するしかありません。そこに「正解」はありません。そして、一朝一夕にできあがるものでもないのです。


たとえば「幸福」を描くのに、何色を使いたいでしょうか。

ピンクやオレンジを選ぶ人もいれば、グリーンや、ゴールドや、もっとほかの色で描きたい人もいるはずです。

この時期のあなたは、自分のための幸福の色を見つけ出すのだろうと思います。

それは「失ってわかる幸福」ではない、「自分は幸せだと言い聞かせる」幸福でもない、もっと現実的で深い納得をともなう、たしかな色彩です。

・他者と出会ってゆく、自分自身の心

――夜が明けたら、外に出る

「家のなか」「夜」といったキーワードが続いたので、「この3年は、暗くて閉塞的な時間なのかな」「外に出にくいのかな」と感じられたでしょうか。

決して、そんなことはありません。

むしろ2024年5月末から、華やかに「外に出る」時間に入ります。

人生を変えるような出会いが、あなたを待っています。

すでにある人間関係も、大きな進展を見せます。

公私ともに、特別な出会い、関わりが、あなたの生活全体をリフレッシュします。

前述の「身内を作る」「幸福を作る」プロセスは続いていますが、その一方で、他者に会うために「出かけて行く」動きが生じるのです。


他者は、未知の存在です。

親しいと思っていた相手が、ある分野では自分とまったく違った価値観を抱いていることに、びっくりさせられたりします。

また、他者は別世界に連れて行ってくれる存在でもあります。

たとえば、ふと出会った外国からの旅行客と親しくなり、その人が住んでいる国にだんだんと興味がわいて、調べたり、勉強したりするうちに、気がつけばその国に移住していた、といったエピソードを聞いたことがあります。

もしその人に出会えなければ、こんな世界、こんなジャンル、こんな場所にはたどり着けなかっただろう、と思えるような出会いが、人生には何度かあるものです。

２０２４年なかばから２０２７年なかばくらいのなかで、あなたはそうした出会いを何度も重ねていくことになるだろうと思います。

あなたは「自分は自分、相手は相手」という鮮やかなスタンスを、自然に生きることができる人です。ゆえに、目の前の相手が自分とはまったく違う考え方を持っていても、それをおもしろく感じこそすれ、「考え方が違う相手だからつきあいたくない」などとは思わないはずです。「そういう考え方の人もいる」「その考えが相手のすべてではない」ということを、ごくオープンに、ナチュラルに肯定できるのが射手座の人々なのです。

こうした「いろんな人がいていい」というさわやかな考え方は、一方で、「決して説得されない強さ」に変換されてしまうこともあります。人から影響を受けにくかったり、非常にがんこになってしまったりするケースがあるのです。「自分は自分、相手は相手」というスタンスは、突き詰めれば「相手がどんな価値観の人間だろうと、自分はその価値観にコミットしないし、受け入れもしない」という態度につながりうるわけです。

ですがこの2024年なかば以降の時間は、もしかするとそうした距離感が壊れるかもしれません。

すなわち、他者の考え方や価値観、方法論から影響を受け、あなた自身が少なからず変わる可能性があるのです。「自分は自分、相手は相手」という境界線が曖昧になり、相手の考え方や生き方が、自分の心に流れ込んできます。一方、自分が相手に強い影響を与えていることに気づき、接し方や考え方を変えたくなる場面もあるかもしれません。

たとえば、子育ての最中に、子どもが自分の真似をしたのを見て、はっとする親は少なくありません。「自分は無意識にこういう考え方をしていたが、子どもにはそうしてほしくないし、自分も改めなければならない」と気づかされるのです。

子どもと親の関係は、非常に密接なものです。「自分は自分、相手は相手」などと簡単に切り離すことができません。さらに恋人や親友など、心を開いてつきあった相手であれば、たがいの境界線は曖昧になります。思わず知らず、相手の口グセや考え方のクセが心に入り込み、無意識に真似をしたり、真似をされたりするようになります。

こうした「境界線が曖昧になる」経験は、あなたにとって得意分野とは言えないはずです。

相手にむやみに振り回されているように感じられたり、自分が「自分らしくない自分」になってゆくようで、不快になったりするかもしれません。

また、自分とは違った文化圏に住む人とともにあると、慣れない自分がとても不器用に、無様に思えることもあります。伸びやかに振る舞えず、相手のルールをなかば「強制されている」ように思えて、逃げ出したくなるかもしれません。

でも、実はその体験は、非常に貴重です。

なぜなら、それは「人の心に、直接触れる」ような営為だからです。


人と関わることを、現代社会では、多くの人が「ストレス」だと感じています。人間はおたがいに違い合っていますから、すばらしい出会いを得てもそこに生まれるのはまず、緊張やストレス、警戒心、不安なのです。

もとい、射手座の人々は他者と出会うとき、とても楽観的です。

きっとわかり合えるだろう、わかり合えなくとも、何かしら実りあるやりとりができるだろう、と考えています。その考え自体が、あなたと出会う人をリラックスさせ、幸福にします。

ですが、現実の出会いにおいては、その関係が深くなればなるほど、違和感や摩擦も増えてゆくのが事実だろうと思います。

それでも、この時期のあなたは「その人と関わり、さらに深く結びついてゆく」ことへの意義を感じています。

そして、関係が徐々にできあがってゆくなかで、「相手とともにあることによって、自分が自由になってゆく」ことに突如、気づかされます。

人の心に触れることは、ひとつの魔法です。

他者の心に触れた人は、変化せずにいられないのです。


冒頭の風景において、窓から見下ろしている家々には、「夜が明けたら外に出て、出会いにゆく相手」が住んでいます。その窓灯りの向こうに、これから出会える人々がいるのです。

窓の外の家々の光は、出会いの予感です。そこには自分の心とは違う、一つひとつの特別な心があります。

心は、部屋です。

自分自身の部屋があり、相手の部屋があります。

それぞれが自分の部屋や家を、自分の幸福のために創り上げます。

たがいに親しく訪ね合うことはできますが、相手の部屋を自分のものにすることはできません。

あくまでおたがいの部屋があって、家があって、街ができあがっています。

異世界を行き来する新鮮な衝撃と感動が、出会いにはいつも、詰まっています。

・任務の完成、引き受けてゆく新しい義務

――植木鉢、土、ジョウロ

2018年ごろから、あなたは「新しい働き方」を模索してきたのではないでしょうか。

この「働き方」とは、会社に勤めたりビジネスをしたりするような「働き」だけでなく、家事や他者のケア、将来を見据えた勉強なども含まれます。広い意味で「自分以外のだれかのためにやること」「自分の心身の維持のためにやること」などま

で含めた「働き方」です。

個人として、いわば「働き方改革」を試みてきた人が多いはずです。ただ、こうした「試み」は、思いつきをちょっと試してすぐに成功！というわけにはいきません。ルーティンを大きく変えてみたものの、思わぬ弊害が出てすぐにもとに戻す、といった展開もよく起こります。改善のつもりが「改悪」になっていて、すぐに撤回したり、いつのまにかもとに戻ってしまっていた、などということもあります。長また、あれこれ変えてみたものの、短期的には結果が出ない場合もあります。長い目で見れば非常に有効な「改革」なのですが、変更した直後には変化が現れないので、周囲に反対されたり、白い目で見られたりしたこともあったかもしれません。

そんな試行錯誤のプロセスも、そろそろ出口に近づいています。

2025年7月には終わりが見え、2026年4月に、最終的な着地点にたどり着けます。

２０２４年前半は特に、大きな転機が訪れる気配があります。

たとえば、２０１８年ごろからの試みが周囲に受け入れられたり、ちょっとした注目を集めたりするのかもしれません。あるいは、数年前に始めたことがここで、大きな実を結ぶのかもしれません。「自分を信じて、やってきてよかった！」と思えるような、目に見える変化が起こり、そこからたしかな軌道に乗れるのです。


フクロウが見つめている植木鉢には、りんごの種が植えられています。

これが芽を出し、やがて苗木になり、植え替えをする時期が訪れます。

仕事も、自他のケアも、家事やそのほかの労働も、働きかけた直後に結果が見える、というものではありません。長い時間をかけて「面倒を見る」こと、さらに面倒を見た経験を重ね、経験値を積み上げて、何度も繰り返していくことで、やっと結果が出ます。

そこには、忍耐と知恵が必要です。

新しいアイデアがあっても、それを続けてみる力がなければ、結果は出ません。

また、粘り強く繰り返す力があっても、知性による試みがなければ、やはり、状況は変わらないのです。

フクロウは知恵の象徴です。さらに、フクロウは「寝ずの番」を象徴する鳥でもあります。

知恵を持って新たな取り組みをし、さらに粘り強く見守ること。

このプロセスが2018年ごろから始まり、2024年にひと山越え、2026年春に一段落します。

・知への深い欲求

――バルコニーのフクロウ

２０２４年から２０４３年ごろにまたがって、あなたは精力的に学ぶことになります。

なかには、取り憑かれたように研究や勉強に打ち込む人もいるでしょう。取材に飛び回ったり、発信活動に情熱を注いだりする人もいるはずです。

この時期の学びや知的活動への情熱は、ときに、周囲が「常軌を逸している」と

感じるほどに燃え上がります。

知への情熱というよりは、欲望、執着の炎が燃え上がる、と言ったほうが、しっくりくるような場面もあるかもしれません。

世の中にはさまざまなコンプレックスが存在しますが、そのなかに「知的コンプレックス」「学歴コンプレックス」など、勉強・知識にまつわるものがあります。物知らずと馬鹿にされることを嫌う人、人を学歴で判断しようとする人、知識の量で「マウンティング」をしようとする人など、さまざまです。

クイズに強いことを誇る人もいれば、あるニッチな分野で専門的、カルト的な知識を積むことに意欲を燃やす人もいます。資格の数を誇る人、語学の力をひけらかしたい人など、その方向性はさまざまです。

こうした「知的情熱」は、ただ自分のなかに知識や情報を蓄積して楽しむ人がいる一方で、「人と競い合って勝つこと」「論破すること」など、闘争心に由来する場合も多いようです。

だれよりもモノを知っていたい、知力において負けたくない。昨今「論破」という言葉が流行しましたが、知性によって人を打ち負かすことに快感を覚える人も少なくありません。

もっとも、それは本当に知性の勝利だったのか、といえば、そうでもない場合もよくあります。単に弁舌の力に優れているだけが知性ではないからです。

なかには、うまく話せなかったり、表現力に乏しかったりしても、非常に優れた知性を持っていて、ほかの人には真似できないような問題解決の能力を発揮する、といった人もいます。

「知性」は非常にバリエーションがゆたかで、学校の試験などでおいそれとはかれるようなものではありません。人の知性を学校のテストで評価しようとするのは、たとえば人間の優劣を身長だけで評価するかのごとき、愚かな態度なのです。

２０２４年から２０４３年にまたがる長い時間のなかで、どんな知を身につけることになるのか、それは人それぞれです。

ただ、この時期の学びには、ただ頭に入れるとか、人間的に成長するとか、そんなことでは片づかないような、ある種の深み、重みがあります。

前述のような、ただだれかに勝利するためとか、社会的に成功するため、といった浅い目的では到底取り組めないような学びです。

学歴コンプレックス、知的コンプレックスなどが、ある意味根底から吹き飛んでしまうような、根源的な学びです。

学ぶことでいったん、心を焼き尽くされ、その焦土から新芽が顔を出し、青々とした大樹に成長する。そうした精神の「再生」が起こるのが、この時期の特徴なのです。

多くの親が子どもに「勉強しなさい」と促すのは、学ぶことで人生が少なからず変わると、知っているからです。

でも、大人たち自身はどうでしょうか。

大人もまた、学ぶことによって人生が変わるということを、忘れてはいないでしょうか。

もしあなたがそんな状態だとしたなら、2024年が終わるころには、そのことを思い出しているはずです。

2024年からの学びの体験は、あなたの人生を一変させます。

昨今「価値観のアップデート」という言葉を、よく目にします。

新しい時代の価値観を身につけるには、学びが必要です。

あることを信じていた人が、信じたことの誤りに気づくとき、どんなにつらい思いをすることでしょうか。

たとえば、自分が何気なく口にしていた言葉について、大人になった娘や息子から「本当はその言葉に、深く傷ついていた」と打ち明けられ、びっくり仰天する親は少なくありません。

驚いてすぐ非を認め、謝れるのは、少数派です。すばらしい賢者か人格者のみです。

たいていは「そんなつもりではなかった」「傷つけるつもりはなかった」「何気なく言っただけだった」「なぜそのときに言わないのか」「時代的なものだった」等々、自分の正当化がまず、始まります。「そんなことくらいで傷つくなんて、大げさだ」「自分もストレスを抱え、つらかったのだ」等々、いくらでも言い訳が出てきます。

傷ついた相手の気持ちに思いが至り、自分の責任を認められるようになるまでには、長い長い時間がかかります。あるいは、死ぬまで認めることができず、その重荷を子どもにそのまま、背負いこませてしまう人も、決して少なくありません。

自分の非を認め、子どもの気持ちを理解し、深く謝罪しても、ゆるしてもらえるとはかぎりません。また、そうしたプロセス自体に、長い苦悩がともないます。自分も相手も、新しい痛みを得て、呻吟《しんぎん》しなければなりません。

そんな体験を、だれもしたくありません。

ですが、そうした体験を経て、生まれ変わったようになる人も、存在します。

重く深い学びが達成されたとき、自分も相手も、ひとつの救いを得ます。


また、こんな問題もあります。

たとえば「基本的人権」「差別」などの概念は、だれもが当たり前に知っている常識だ、と考えられています。一般に「人権感覚」などという言い方もあります。「良心」のように、人にはそうした感覚が自動的に備わっているものだ、と思っている人もいます。

でも、実際の「基本的人権」「差別」の概念は、直観的にだれもがわかるような簡単なものではありません。多くの人が身のまわりの実体験に基づき、感覚的・常識的に判断できる、と考えていますが、そうではないのです。

「働かざる者喰うべからず」「権利は義務とセットだ、義務を果たさなければ人権もない」などと言う人がいます。子どもでもすんなり受け入れる、ごくふつうの考え方です。

でも、これらの言い方は、実際には「人権」の考え方に逆行します。働かなくても義務を果たせなくても、守られるのが「人権」だからです。ごく一般的な市井の道徳観が、ごく基本的とされる社会的概念と、ぶつかり合います。専門家に説明され、社会の教科書を読んでなお、感覚的には理解しがたいのが「人権」「差別」などの概念です。それらは、学び続けることでしか維持できない考え方です。

フクロウは前述のとおり、知恵を象徴する鳥です。夜行性であることから、「闇をも見通す学識と知識のシンボル」とされます。某出版社の文庫本シリーズのシンボルにも、フクロウが用いられています。

射手座はもともと「哲学、思想、宗教、真理の星座」とも言われ、学ぶことと非常に関係が深い星座です。

また、星占いの世界では、学ぶことと旅することが、同じカテゴリであつかわれます。古い時代、まだ印刷技術や輸送網が発達していなかったころ、学ぼうとする人々は師や書物を求めて遠く旅しました。さらに、知識人には聖職者が多く、したがって膨大な書物が寺院に所蔵されていました。宗教もまた、学びと旅のカテゴリに入っています。

盲目の予言者テイレシアースは、ギリシャ神話の常連です。闇や盲目といったイメージが知と結びつけられるのは、なぜなのでしょうか。

それはおそらく、私たちは目に見えているものにとてもごまかされやすい一方で、本当の知識や心理は、表面からは見えないものだから、なのかもしれません。

「賢そうな人」と「本当に賢い人」は違います。巧言令色鮮《こうげんれいいしょくすく》なし仁、とも言われます。本当の知恵は、他人にひけらかすためのものではなく、パッと見てわかりやすいものでもないのだろうと思います。

この時期のあなたは、コミュニケーションにおいても、旅においても、勉強においても、「パッと見ただけではわからない本当のもの」を求め続けることになります。簡単には理解できないこと、容易に受け入れられないこと、これまでの自分をいったん否定しなければならないようなこと、心を燃やし尽くすような価値観の更新。こうしたことが、2024年から2043年ごろまでの、あなたの知的活動のテーマとなります。

・愛を育む意志

――フクロウはりんごの種の芽生えを見守る

2025年から、あなたの愛の世界が変化し始めます。

家庭や生活と同じように、愛もまた、理想と現実のギャップに苦悩する人の多い分野です。

生まれながらに人を愛する能力に恵まれている、という人も存在するかもしれませんが、たいていは、愛する技術も、経験し、学ぶことでしか身につきません。

昨今の日本の社会では、愛がとても軽視され、あるいは警戒され、あるいは疑念を持たれています。敬遠され、背を向けられ、場合によっては、強く排除されているようにも見えます。

でも、そうした疑念のなかにあっても、2025年以降のあなたは、愛を建築してゆくことになるでしょう。疑念にも揺るがないしっかりした土台を作り、時代の風に負けない骨格を打ち込んで、長く住み込める愛のお城を建設することになるでしょう。

愛には陶酔があり、一方で、責任がともないます。
愛は美しく、同時に、重いものです。
どこまでも精神的でありながら、手足を動かすことを余儀なくされます。
ロマンティックでありつつ、現実的です。
こうした愛の二面性、両義的な部分を、特に2025年から2028年春までのあなたは、徹底的に見つめてゆくことになるのかもしれません。

美しい夢は、固い壁に守られなければ、簡単に壊れてしまいます。

高価な美術品は頑丈な建物と厳重な警備によって守られます。

やさしい気持ち、デリケートな心、傷つきやすい愛は、強い意志や責任感、固い決意によってしか守れません。

２０２５年から２０２８年ごろにかけてあなたが建設するものは、おそらく、そうした「デリケートな愛を守るための設備」なのだろうという気がします。

そしてそれができあがった２０２８年以降は、安心できる愛の神殿のなかで、かぎりなく美しい愛の本質を、融通無碍《ゆうずうむげ》に楽しむことができるようになります。

あるいはここであなたが守り育てようとしているのは、あなた自身の才能や創造性なのかもしれません。才能や創造性、個性などもまた、目覚めた最初の段階では特に、傷つきやすく、デリケートなものです。何か好きになれるものに出会っても、すぐに上達しなかったり、人からちょっとけなされたりすれば、人はすぐ自信を失い、同時に興味を失ってしまうこともあります。

「よし、これをやってみよう！」と思ったその気持ちは、小さな芽を出したばかりの種のように、傷つきやすく、弱いのです。

これを大きく育てるには、大切に守らなければなりません。

夢は、強い力で守り育てる必要があるのです。

フクロウには「寝ずの番をする」という象意があるそうです。

植木鉢にまいただけの種は、小鳥たちについばまれてしまう危険があります。

なんでも芽生えたばかりの段階では、大切に、厳重に守られねばなりません。

冒頭の風景で、フクロウが守っているのは、愛の種です。

この種は2025年以降のどこかで芽を出します。これがある程度大きくなる2028年ごろまで、風雨や獣害から、しっかりと守り続けなければなりません。

・助け船、サポート

――パラス・アテナの鳥

この「3年」のなかで、あなたはさまざまな人の「手」をとります。

握手したり、手をつないだり、手を貸したり、手を借りたりすることになるのです。

助け船を出してくれる人がいます。

リソースを提供してくれる人がいます。

人から人へと紹介の労を執ってくれる人がいます。
チャンスをくれる人がいます。
価値あるものをゆずってくれる人がいます。
機会をセッティングしてくれる人がいます。
ギフトを贈ってくれる人がいます。
熱烈にアプローチしたり、告白したりしてくれる人もいるかもしれません。

ですから、あなたはふだんから、自分の欲しいものや夢、求めていること、好意などについて、はっきりとアナウンスしておく必要があります。
そして、自分の日ごろのオーダー以外のものが差し出されたときは、頭ごなしに拒否せず、まずはじっくりと検討してみることがだいじです。

自分で「自分にはこれが必要だ」と感じることと、他人が「あなたには今、これが必要だよ」と言ってくれるものとは、しばしば、大きく異なります。

そのギャップをどう考えるかが、この時期のテーマなのです。

「自分のことは自分で決める、他人のオススメなんかに頼らない」と考えるか。それとも「いまいちピンとこないけれど、試してみようか」と思うか。

どちらも正解でもまちがいでもありません。

ただ、自分ひとりで生きているのではなく、他人と生きているということの醍醐味は、「意外性」です。

自分が考えることなら自分で想像がつきます。

他人の「オススメ」は、想像がつきません。

そこに、新しい可能性を見いだせます。

少なくともこの「3年」のなかでは、他者の存在や言動、他者から差し入れられるものが、とてもおもしろいのです。

他者からの働きかけがそのまま、未来へのドアとなる可能性が高いのです。

とはいえ、他人から差し出されるものには、すばらしいギフトがある一方で、リスクもあります。

この時期、怪しげな話に乗っかったり、だまされたりすることには厳重な警戒が必要です。最近の詐欺やマルチ商法は非常に手が込んでおり、どんなに賢い人も、どんなに注意深い人も、だまされることがあります。

人をだまそうとする人は、人間が求めているものを熟知しています。だれもが抱える未来への不安や外界への恐怖、孤独は、危険な心の入り口です。見せかけのやさしさや情愛が、固く閉じた心の扉を簡単に開くカギになってしまうのです。

フクロウはギリシャ神話の女神パラス・アテナのかたわらにいる鳥です。

アテナは知恵と闘いの女神で、英雄たちをサポートしました。

たとえば、勇者ペルセウスに武器を与え、怪物メデューサを仕留める策を教えたのはアテナ女神です。

この「3年」の射手座の人々も、英雄たちのように、神の恵みのようなサポートを受けることになるだろうと思います。

それは一般論でもなければ、精神論でもない、あなたのためだけに考えられた、オーダーメイドの現実的な助け船です。

2

1年ごとのメモ

２０２４年

２０２４年から２０２６年を、ざっくりとキーワードで表すと、以下のようになります。

２０２４年は「日々の暮らし、現実のカオス」
２０２５年は「外に出て、他者に出会う」
２０２６年は「自由、飛躍」

最初はベタな現実や身のまわりの人間関係、手元足下の生活にあえてどっぷり浸かり、そのど真ん中で新しいことを創り上げてゆく時間です。

そこから徐々にひとりの人間としての喜びや他者との一対一での出会いなどを求め、「外に出る」動きが起こります。

そのあとで、より遠い場所、未知の世界へと飛び立つ時間がやってきます。ひとりの人間としての才能や可能性を試すために、内海から外海へと飛び出していけるのです。

・前半、2018年からの「生活革命・働き方改革」のクライマックス

年の前半は「暮らし」や「働き方」に強いスポットライトが当たっています。

暮らし方が大きく変わる人、日々のルーティンや時間の使い方が一変する人もいるでしょう。

非常に忙しいときで、たくさんの任務を抱え、ワーカホリック気味になるかもしれません。そうした状況のなかで、新たな才能や実力を引き出される人も多そうです。一方、無理なタスクの量に押しつぶされそうになり、「これではいけない」と一念発起、就労条件についての交渉に乗り出したり、転職活動を始めたりする人もいるはずです。周囲との役割分担を整理したり、抱え込みすぎているタスク、無駄なタスクを思いきって切り捨てたりすることもできます。

2018年ごろからの「働き方改革」「暮らし方改革」がここで、ひとつのクライマックスを迎えます。

この「改革」のテーマはほかならぬ「自由」です。

より自由で自分に合った生き方を勝ち取るために、ガンガン行動し、調整し、必要な条件をそろえていけるときなのですが、それは2018年ごろからのあなたの試行錯誤の結果、叶うことだと思います。

「こうしたら自由になれるはず！」と思ってやってみたけれど「やっぱりこっちの

ほうが窮屈だった」という展開を、これまで何度かステップのように踏んできただろうと思うのです。「これはうまくいかない」「あれもよくなかった」と試した末に「これだ！」という条件を発見できるのが、2024年前半なのかもしれません。

ある会社に勤めていてつらいことが多く、「自分には、組織に所属することが向いていない」とフリーランスに転じたあとで、「ひとりではうまくいかないことが多い」と再度、ほかの会社に所属してみたところ「ここならとても自由に働ける！」とわかる、といったケースがあります。この人の場合、向いていなかったのは「組織に所属すること」ではなく、「最初の会社」だったのです。

一方、2018年ごろから職場を転々としたり、引っ越しを繰り返したりしてきた人もいるかもしれません。「ここではない」「ここでもない」と探し回った結果、2024年前半までに「ここだ！」という仕事場、生活の場を発見できる可能性があります。

さらに、「いつか独立するぞ」と志し、それをジャマする条件を一つひとつ、解決してきた結果、2024年前半に晴れて独立を果たす、といったパターンもあるでしょう。

いずれにせよ、試行錯誤の結果として、ひとつの軌道に乗れます。

そして、その軌道を少しずつ修正しつつ、最終的に「完成」を見るのが、2026年4月です。

・後半から、「パートナーシップと人間関係の季節」へ

2024年5月末から2025年6月上旬にかけて、「パートナーシップと人間関係の時間」に入ります。

公私ともにすばらしい出会いに恵まれるときです。

特に、パートナーを探している人は、やっと「その人」に巡り会えるでしょう。

すでにある人間関係も、進展したり、深化したりします。

人と会う機会が増えますし、だれかに導かれて新しい世界に踏み出せます。だれかとの出会いがきっかけでチャンスをつかむ人も多いでしょう。

「自分の力で物事を成し遂げた」という手応えを好むあなたですが、この時期は他人の意向に振り回されるように思えたり、自分が主役ではなく脇役のように感じられたりするかもしれません。

あるいは、「自分は相手に多くをついやしているのに、相手は自分にそれほど興味がない」と感じられて不安になったり、逆に「相手が妙にグイグイくるけれど、自分はそれほど乗り気になれない」など、おたがいの感情のギャップに悩むような場面もあるかもしれません。

こうしたアンバランスな感覚、自己効力感が弱まったような感覚は、ごく一時的なものです。ある関係性が紡がれてゆく過程での、過渡期特有の問題なのです。

もちろん、この時期に出会った相手とはかならず関わり続けなければならない、というようなことはありません。むしろ、この時期の「出会い」は玉石混淆《ぎょくせきこんこう》なので、気の合わない相手、不快な相手、ピンとこない相手とは、すぐに距離を置くのが妥当と言えるでしょう。

ただ、「とても気になってつきあっているが、イヤなところもある」「いいところがあって、いっしょにいたい気持ちがあるが、迷いもある」といった、ポジティブとネガティブが混ざり合った気持ちになるならば、あまり拙速に判断を下さないほうがよいかもしれない、ということなのです。

この時期、その人間関係はあなたと相手の双方を、大きく変えます。変化の途中では、かみ合わないところ、不器用なところも出てきます。

少なくとも、2025年のなかばを過ぎるころには、そうした不安感や戸惑いからは、脱出できているはずです。

・理想と現実のあいだで「居場所」を作る

2023年の春ごろから、居場所や家族について、時間をかけて取り組んできていることがあるはずです。

家族のだれかが人生の転機にさしかかり、それによりそっている人もいるでしょう。身近な人のケアやサポートに追われ、忙殺されている、という人もいるかもしれません。

あるいは、家族のなかにいても強い孤独を感じている人もいそうです。排除されたり、無視されたりしているような状態に苦しんでいる人もいるかもしれません。

「こんな暮らしがしたい」という強い願望と、「こんな暮らししかできない」という現実感のギャップに絶望しかけている人もいるかもしれません。理想と現実のあいだで、どう自分を納得させ、向上心をもって努力する方向へとさしむけられるか、暗中模索している人もいそうです。

さらには、家族から離れて自分自身の生活を「ひとりで作る」ことに取り組んでいる人もいるでしょう。はじめてひとり暮らしをして、さびしさや経済的な不安と闘い、心を立て直すのに苦労している人もいるかもしれません。

あるいは逆に、「やっと自分らしい生き方を見つけた！」という大きな喜びを生きている人もいるだろうと思います。


こうした、さまざまな住環境の変化、生活上の人間関係の変化が、2024年は粛々と進んでいきます。

少々フライングですが、2025年春にはそのプロセスのトンネルの出口が見えてきます。2023年からの着実な試みが、2024年にはだんだんと定着し、花開き、実を結び始めます。2023年の「本当にこのまま進んで大丈夫かな？」「これでいいのだろうか」という悩みが、2024年なかばから後半にさしかかるころには「これでいいのだ！」という確信に変わっているはずです。

・「外に出たい」衝動に火がつく

2008年から、熱い経済活動に従事してきた人が少なくないはずです。情熱的に稼いだり、大きな財を築き上げたりした人もいるはずです。なかには、お金に強く執着したり、買い物依存や摂食障害など、「欲」についての根深い問題を抱えたりした人もいるでしょう。良くも悪くも、何かを欲しいと思う気持ち、求める気持ちと闘い、何かを成し遂げたあなたがいるだろうと思います。

2024年、そんな一連の「欲」のプロセスが収束します。まるで憑き物が落ちたように、物欲や金銭欲、食欲、支配欲などが消えていくかもしれません。

一方、ここから新しい「欲」の物語が始まります。

それは、知的欲求、そして旅への欲求です。

多くを学ぶこと、あちこち移動することへの情熱に火がつき、その炎は2043年ごろまで消えることなく燃え続けます。

もともと知的好奇心が旺盛で、旅好きな人が多い射手座の人々ですが、この時期以降、勉強や旅行に対するスタンスが大きく変化していくでしょう。

「妙に外に出たがっている」自分を感じたら、それが合図です。

・経済活動における「ルートの開拓」

9月から11月頭にかけて、他者との経済的なやりとりが一気に活性化しそうです。人から受け取るものが増えます。人に何かを依頼したら、依頼した以上のものを提供してもらえる、といった展開になりやすいでしょう。

熱烈なオファーを受けたり、盛大にプッシュされたりする人もいるはずです。他者からの熱いパワーを受け取って、大きく前進できるときです。

とはいえ、この時期の「他者から贈られるもの」は、ある意味玉石混淆です。

すばらしい提案がある一方で、危険な詐欺のようなものも混じっているかもしれません。

あなたの「見る目」が試される場面もありそうです。

また、内容が粗すぎてそのままでは受け取れなかったり、自分からもあれこれアイデアを出して補強しなければならなかったりするかもしれません。「こんなことなら引き受けるんじゃなかった!」と思えるようなシーンもあるかもしれませんが、汗を流して取り組んだ結果は、ちゃんと受け取れます。

この時期の「オファー」「ギフト」の出来事は、ここだけで終わりません。

2025年1月から4月なかばにかけて、「第2弾」の展開が訪れます。

さらに2025年6月中旬以降は、より大きな価値のある、より受け取りやすいものを贈ってもらえます。

2024年の「オファー」「ギフト」のイベントは、ある種の「ルート開拓」のようなプロセスです。開拓ですから、困難もあれば、面倒もあります。まだできあがりきっていない道を進む、デコボコした不安定さがあり、道がちゃんとつながるかどうかわからない、見通しの不透明感があります。でも、開拓が終われば、あとはその道をしっかりならし、どんどんスムーズに行き来できるようになります。

２０２４年から２０２５年前半に開拓したルートを使って、より大きな輸送・取引ができるようになるのが、２０２５年なかばから２０２６年前半なのです。

・「ロケハン」的な遠出、学び

11月から２０２５年1月頭、さらに２０２５年4月なかばから6月なかばは、熱い旅と学びの季節です。遠出する機会が増えますし、遠征や留学、長期出張、移住など、なんらかの使命を背負って旅することになりそうです。

この「熱い旅と学びの季節」も、ある種の「先遣隊」的な面があります。というのも、２０２６年なかばから２０２７年なかばにかけて、より本格的でスケールの大きな「旅と学びの季節」が巡ってくるからです。

たとえば2024年の終わりに偶然訪ねた場所に、2027年ごろには住んでいることになるかもしれません。

あるいは、2024年の終わりに出会ったテーマが、2027年以降の、ライフワークのような研究課題となっているかもしれません。

ですから、2024年の遠出や学びには、いわば「ロケハン」のような意味合いがあります。自分の人生にフィットする場所やテーマをあちこち、探して回るような試みができるのです。

この時期出会ったもの、学んだことは、「ここだけ」に終わらないのです。

２０２５年

・人間関係のスケールアップ

２０２５年の一大テーマが「出会いと人間関係」です。

この「出会いと人間関係」は、２０２５年だけにとどまるものではなく、ここから２０３３年ごろまで続く、大スケールのテーマです。

まず、２０２４年なかばからの「出会いの時間」が２０２５年前半からなかばにかけて、どんどん開花し、スケールアップします。

2024年なかばから2025年なかばの出会いが「外国人との出会い」なら、2025年なかば以降2033年くらいにかけては「宇宙人との出会い」の時間となるからです。

未知の人々、自分とはまったく違ったバックグラウンドを持つ人々と出会い、その出会いがひとつの扉となって、もっと遠い、広い世界に出かけていけるようになります。


人生を変えるような出会い、運命を感じるような出会いがあるかもしれません。あこがれの人と突然親しくなれるとか、電撃結婚などの「驚きの展開」もあり得ます。

2025年の人間関係の変化は、突発的で、ドラマティックなのです。

その一方で、これまでの人間関係が「解体」に向かう気配もあります。

あまり好きではないけれどやむをえず関わってきた人々、しがらみやいろいろな事情によって離れたくても離れられなかった相手と、この２０２５年を境に、晴れて離れられるようになるかもしれません。

自分のなかの感情的なわだかまりが吹っ切れて、「よし、離れよう」という覚悟が決まるのかもしれません。

この時期の「人間関係の解体」は単なる別離や孤立ではなく、「自由・自立」というテーマを含んでいます。これは、出会いについても当てはまります。

すなわち、自由になるための出会いがあり、自由になるための関係の解消が起こるときなのです。

自分の意に反して関わるとか、離別するといったことにはなりません。出会いも、関わりも、離別も、かならずあなた自身の意志で選択されます。

・経済活動のスケールアップ

経済活動もまた、スケールアップする時期です。

2025年から2026年なかばにかけて、お金とモノが大きく動くのです。この時期は特に、「他者から受け取る」「他者との関わりのなかで経済を回す」ことがメインテーマとなっています。

自分の手のなかだけでコツコツ稼ぎ貯める、といった、クローズドなイメージではありません。他者のお金と自分のお金が関わりながら巡る、広がる動きにスポットライトが当たるのです。

たとえば、融資を受けること、投資すること、保険商品を選択することなどが当てはまります。他者の財と自分の経済活動が交わり合って、こうした行為が成り立ちます。

パートナーの経済活動が一気に活性化し、その影響を受けて自分の経済活動が変化する、という人もいるでしょう。

また、贈与や継承、相続のような「他者の財を受け取る」イベントが発生しやすい時期でもあります。だいじな仕事や役割を引き継いだり、地元に帰って事業を受け継いだりといった選択をする人もいるはずです。

また、2025年なかばからの約1年は、「ふしぎと調子がいい」時期と言えます。心身のコンディションが好調に転じたり、何かと「ツイている！」という感じがするかもしれません。

視野が広がり、心の余裕が生まれ、ふところが深くなり、結果、人として良い面がおもてに現れ、いい人々に出会える、といった好循環が生まれそうです。

・春の旅

4月なかばから6月なかばは、「二度目の旅」に出ることになるかもしれません。

2024年に旅した場所に「再訪」する人が多そうです。

あるいは、2024年の旅がきっかけとなって、ほかの場所へと転進していくことになるのかもしれません。

情熱的な旅で、チャレンジ精神から出かけてゆく旅です。

出かけた先で何かしら「勝負」できることがあるのかもしれません。

この、2025年前半の旅は、2026年なかば以降のよりスケールの大きな旅へとつながっていきます。


この2カ月のなかで精力的に学ぶ人もいるでしょう。短期決戦で資格取得を実現するなど、集中して結果を出しやすいときです。

・居場所に訪れる「雪解け」

2023年ごろから家族や居場所に関して、努力を重ねてきている人が少なくないはずです。なんらかの問題解決に取り組んでいる人、時間をかけて居場所を「建設」し続けている人、悩みや不安を抱えてきた人もいるでしょう。

そうした状況が２０２５年に入ると、少しずつ明るくなってきます。

まず年明けから春、家族や身近な人との関係に、深い愛情が流れ込むのを感じられるでしょう。さらに5月末、ふわりと重荷が軽くなり、問題解決への道筋をはっきりと見通せるはずです。

9月からふたたびその問題としっかり向き合うことになりますが、ここではもう「あとかたづけ」的な意味合いの作業がメインとなります。本質的な問題の解決がすでに山場を越えつつあることを、春から夏に実感できるでしょう。

完全にトンネルから脱出を完了するのは２０２6年2月ごろになるかもしれませんが、２０２５年ははっきりと「雪解け」を感じられるタイミングです。

・創造的な活動の始まり

2月から3月、そして5月から6月頭は、すばらしい愛と創造の季節となっています。

折しも「出会いの時間」も重なっていて、愛する人に出会う人も少なくないでしょう。

また、クリエイティブな活動において新局面を迎える人もいるはずです。本腰を入れて取り組みたい活動、思いきり才能を発揮できる分野に巡り合い、人生が一変する、といった展開もあり得ます。

好きなこと、おもしろいこと、夢中になれることを見つけ、長期的なレールに乗れそうです。

2026年

・思いのやりとり

年の前半は、2025年からの「経済活動の拡大」の時間が続いています。6月いっぱいまで、他者からたくさんの「恵み」がもたらされるでしょう。

もちろん、受け取るか受け取らないかは自分で選択できますが、基本的には「受け取る価値のあるもの」が多いはずです。

ここで受け取れるのは、お金やモノなど、形あるものだけではありません。

サポートを受けたり、便宜を図ってもらえたり、貴重なアドバイスをもらえたりするかもしれません。チャンスや人に会う機会をセッティングしてもらえたり、ポジションを用意してもらったりする人もいるでしょう。

「もらう」ことは、それほど簡単なことではありません。

まず、負い目や恩義が生じます。また、相手に逆らえないというプレッシャー、相手の機嫌を損ねられないという緊張を感じる場合もあるでしょう。

贈り物は、単にモノを買うのとは違います。そこにふしぎな、重みのある力関係がまとわりつき、人を飲み込むのです。ゆえに「もらいっぱなし」ができません。出産祝いのような、相手の入費を補うための贈り物にさえ「内祝い」のようにお返しをすることになります。贈り物によって生まれた目に見えない力の勾配を、少しでも緩和するために「お返し」をする必要が出てきてしまうのです。

もとい、昨今では「お返しは不要です」といったメッセージを添えることも珍しくなくなりました。贈り物のやりとりによる関係性の構築ということが、ひと昔前よりも重んじられなくなっているからなのだろうと思います。

２０２６年前半、「だれから何をしてもらったか」をある程度詳細に記録しておくと、あとで役に立つかもしれません。というのも、何かを「してもらった」ことは忘れがちですが、「してあげた」ことはだれもが、ずっしりと重く記憶するものだからです。してもらった側よりも、してあげた側のほうが、そのことを重く感じるものなのです。

ゆえに、その重みを少しでも共有することで、信頼関係や愛の関係を強化できます。時間が経って「あのときはありがとうございます」と伝えることができれば、そこで非常に大きな思いのやりとりが叶います。「感謝してくれているんだ！」という感動を、相手に「贈り返す」ようなことが叶うのです。

・後半、「冒険と学びの時間」へ

7月から2027年7月まで、「冒険と学びの時間」に入ります。2024年の終わりから2025年前半の「旅」が、ここでの展開につながる可能性があります。

未知の世界に足を踏み入れる人、物理的に長い旅行に出かける人、専門的な勉強を始める人もいるでしょう。

知的好奇心の赴くままにぐんぐん突き進み、すばらしい何かに出会えます。

なつかしい場所を訪れる人もいるでしょう。

はじめて行く場所なのに、妙に親近感がわいたり、「第二の故郷」のような感じがしたりするかもしれません。

あるいはたとえば「静養地」「保養地」のような場所を見つける人もいそうです。

疲れたとき、行き詰まったときに「ここに来ればかならず、ある程度回復できる」と思えるような場所に出会えるのです。

困ったときに逃げ込める場所、悩んだときに相談できる場所を見つけられるかもしれません。

いざというとき意見を求め、頼ることのできる「師」のような存在に巡り会う人もいるだろうと思います。

この時期の旅は、「縁」に導かれて赴くことになりやすいようです。

ふしぎな人間関係のつながりに呼ばれるように、あるいは、「地霊」のようなものに引き寄せられるように、「来るべくして来た」と思える場所にたどり着けます。

学びや知的活動についても、似たようなことが起こるかもしれません。

はじめて学ぶことのはずなのに、なぜかすらすらとわかったり、一度学んだことがあるような気がしたりするかもしれません。

「学ぶべくして学んでいるのだ」という妙な確信を抱けるかもしれません。

自分でそのテーマを選択したのではなく、そのテーマから自分が「選ばれた」かのように感じられるかもしれません。

・人間関係における「宇宙旅行」に飛び出す

2025年からの「人間関係のドラマ」が2026年の4月末以降、さらに新鮮味を帯びます。

衝撃的な出会いやドラマティックな変転など、ジェットコースターのような展開に翻弄される人もいるかもしれません。

非常に個性的な人と関わることになったり、人から強い影響を受けたりする人もいるでしょう。だれかとの関わりのなかで「目からウロコが落ちる」ような体験を重ねてゆくことになりそうです。

人間関係全体が「ガラガラポン」のように、刷新される可能性もあります。長くつきあってきた人々の世界から離れ、ゼロから周囲との関わりを構築していく、といったプロセスに入ることになるかもしれません。

この場合、2033年ごろまでにかけて、新たに「周囲の人々」の輪を作ってゆくことになるはずです。

ビジネスをしている人は、取引先がここから一変するかもしれません。これまでのクライアントから離れる一方で、新しいクライアントに出会ってゆく時間に入ります。

こうした「関係の一新」のようなプロセスでは、特に最初の段階で、強い不安を感じるものです。すべてから見放されたように思えたり、孤独や疎外感を抱いたりする人も多いでしょう。でも、それはあくまで一時的な感触に過ぎません。

たとえば、宇宙船が地球の重力から抜け出し、宇宙空間に飛び出したとき、それまでとはまったく違った状態になります。どこに足を着くこともできず、まわりもぽかんとした空間に包まれます。

2026年、あなたがもし、人間関係の変化のなかで不安や孤独を感じたら、それは「宇宙空間に飛び出したときの孤独」だととらえ直してみていただきたいのです。宇宙に出たのは、新しい星を見つけ、新しい何かに出会うためです。そのスケールがあまりにも大きいので、特に最初は、故郷である地球の、ゴチャゴチャした密着感がなつかしく感じられるだけなのです。

・愛と創造性の成長

1月末から2月なかばを境に、あなたの愛と創造の物語が、新しい時代に入ります。

ここから2028年前半にかけて、クリエイティブな活動において大きな成功を収める人、愛の世界でたしかなものを築く人が少なくないでしょう。

最初の段階では理想と現実のギャップに悩んだり、いきなり出現した大きな問題を前に途方に暮れたりする人もいるかもしれません。

あるいは、最初の段階では一見「すべてを失った」ように感じる人もいるかもしれません。でも、それは錯覚です。

もし、ひとつの世界から「排除されている・追い出されそうになっている」と感じたなら、それは、そろそろ別の世界へと移動していく時期がきたことの証拠なのです。

ここから2、3年のなかでいくつかの選択肢を探し当て、複雑な径路をたどって、より大きく、美しく、たしかなものを見つけ出すことができます。

たとえば、幼いころのままごと遊びやチャンバラごっこを、大人になっても同じように楽しみ続ける人はいません。もとい、似た遊び方を楽しむ人はいても、その内容や感じ方は大きく変化するはずです。

それに似て、ここからあなたが歩んでいく道は「もう一段階大人になる」ための道なのです。

同じ人でも、10代の愛し方と、60代の愛し方では、大きく異なります。

同じ画家でも、10代のころの作風と、晩年の作風とでは、別人のように変わることがあります。

そうした変化は、じわじわとグラデーション的に起こる場合もあれば、ある出来事を通して一気に起こるケースもあります。

ここから3年ほどのなかで起こるのはおそらく、劇的な変化です。いくつかのドラマティックな経験を通して、創造性や愛について、パッと大人への道を見つけられるのが、この時期なのです。

子どもはその多くが「早く大きくなりたい」「早く一人前になりたい」と願います。でも、その成長のスピードは、決して自由にコントロールすることはできません。

ただ、コントロールできないとしても、「早く成長したい」という熱望を持ち続けていることは、成長するに当たってとてもだいじな条件なのだと思います。

大人になっても、人間は成長します。

「成長したい」と願い、努力を重ねても、そのスピードや度合いは、自由に制御などできません。

成長したいのになかなか成長できずに苛立ったり、自分が急激に成長したのでまわりがついてこられず、一時的に人間関係が崩壊したりします。

成長は、願わねば叶いませんが、願っても操作はできません。

2026年からの2028年にかけてのあなたの成長は、そんなふうに進展します。

・外界へと「拡大する」喜び

夏から冬にかけて、すばらしい交友関係に恵まれます。

たくさん友だちができそうですし、素敵な仲間にかこまれて、キラキラのハッピーな時間をすごせるでしょう。

また、非常に親密な、クローズドな情愛の関係を作れる時期でもあります。たくさんの人とオープンに、にぎやかに交流する一方で、「ふたりだけ」の非常に深い関係を結ぶ機会を持てるはずです。

2026年は全体に、後半になればなるほど「外に出る」流れが強まります。行ったことのない場所に出かけ、未知の人々と知り合い、行動範囲と人の輪をどんどん、外へ外へと拡大できます。

そこでは、あなたの持ち前のオープンマインドと楽観的な、肯定的な態度が、最大の武器となるでしょう。

あなたのあたたかさ、おおらかさにみんなが魅了され、人が人を呼び、縁が縁を呼んで、いつのまにかすばらしい場所に導かれます。

異質なもの、奇妙なもの、個性的なもの、突出したものを、「容れる」力が物を言います。

２０２４年の段階で、あなたはどちらかと言えば手元や足下、ごく身近な人間関係に目を向けていたはずです。非常に近い世界、濃密な閉じた世界にいて、大切な心の世界を再構築していたはずです。

それと比べると、２０２６年はどこまでもオープンで、広やかです。あなたは完全に「外の世界」に出ていて、ひとりで他者に出会い、恋をし、旅をし、友に出会い、楽しんでいる、という雰囲気があります。

内側から、外側へ。

たぶん、この3年の最初の段階で築いたベースキャンプが堅牢であればあるほど、後半の「冒険旅行」も、力強いものになる、ということなのだろうと思います。

変えるべき場所や原点がたしかであればあるほど、遠くまで自由に飛翔できるのです。

3

テーマ別の占い

愛について

愛の世界でもハンターのように、スリリングな展開や変化を求める人が少なくない射手座の人々ですが、この「3年」はむしろ、長期的に安定した関係を強く意識することになるでしょう。刺激的なラブアフェアよりは「真剣なパートナーシップを、長期的に結んでゆく」ことに思いが向かいます。そして、それを実現できる時間でもあります。

射手座の人はもともとひとつの関係に縛られることを嫌う傾向がありますが、この時期は「安定した関係があるからこそ、より自由に生きられる」ということを学べます。ここから2033年にかけて、自由のための強い結びつきを作ってゆく人が多いはずです。

・パートナーがいる人

2024年5月末から2025年6月上旬は「パートナーシップの時間」です。ふたりの関係がより強く、大きなものへと急成長を遂げるタイミングと言えます。いっしょにすごす時間が増えそうですし、協力して取り組まなければならないプロジェクトが出現するかもしれません。「共同作業」では意見が衝突したり、ケンカになったりする場面もあるかもしれませんが、そうした山谷を乗り越えて、信頼関係がむしろ深まります。言いたいことを言い合って、現実をたしかに共有していける相手として、たがいを改めて認め合えるのです。

2025年から2033年にかけては、パートナーとの関係がより自由な、解放されたものに変わってゆくようです。２０２５年なかばまでの密着感とはかなりコントラストが強いのですが、おたがいのあいだに強い信頼関係が生まれたところで、たがいがそれぞれ、より自由な生き方を追求し始める、といった展開になるようなのです。

これは決して、仲が悪くなるとか、心の距離ができるとかいうことではありません。むしろ、強い信頼感が生まれたからこそ、不安なくどこにでも飛んでいける、ということなのだと思います。

相手がいるからこそ、より自由に生きられる、という理想の関係を、身をもって体験できるときです。

２０２５年から２０２８年前半にかけては、愛についてより真剣な意識を持つことになるかもしれません。相手への責任を深くとらえ直す人もいるでしょう。愛があるからこそ助け合える、よりそえる、ということを実感する人もいそうです。長期的に愛を営むということはどういうことなのか、ごく現実的な体験を通して、たしかめ合えます。

・恋人、パートナーを探している人

前述のとおり、2024年5月末から2025年6月上旬は「パートナーシップの時間」です。さらに2025年夏から2033年にかけては、「人間関係の再編」の時間となっています。つまり、2024年なかば以降はずっと「パートナーを探している」という現状を変えられる時間と言えるのです。

衝撃の出会いや電撃結婚が起こりやすい時期ですし、これまで経験してきたパターンに当てはまらない、とても自由で新鮮な愛の関係を築くことができる時間、とも言えます。

さらに、2025年以降は特に「型にはまらない関係構築」ができる傾向があります。

パートナーを探すにあたり、「年齢が」「年収が」「容姿が」「身長が」等々、一般的に重視される条件、スペックのようなものが共有されています。また、「長男は避けたい」「家柄や兄弟姉妹のことも調べたい」など、伝統的な価値観に基づく検討事項もたくさんあります。

2025年以降の射手座の出会いとパートナーシップは、そうした旧態依然とした「条件」「枠組み」に縛られないところで見いだせるのです。

適齢期でなくとも、一般的な年収とは違っていても、その生き方に芯があり、人間的な魅力があれば、パートナーシップを結ぶことが可能かどうかの検討に入れます。

たとえば、これまであなた自身が重視していた「これだけは！」という条件が、突然どうでもよくなる、といったことが起こるかもしれません。

あるいは、だれかが「どうしてもあなたでなくては！」と言ってくれる、その条件がびっくり仰天の内容なのかもしれません。

いっしょにいて自由でいられる相手、ともにあることでより自由に生きられる相手。この時期あなたが見つけ出す相手は、そんな存在だろうと思います。

パートナーを見つけることや結婚することは、しばしば「おたがいを縛る」行為だと考えられていますし、実際、たがいに縛り合って窮屈に生きているようなカップルは決して少なくありません。ですが、本当の愛の関係、本物のパートナーシップは、相手がいてこそ深呼吸でき、リラックスでき、よりのびのびと生きられる、という結びつきなのだと思うのです。

たとえばこの3年のなかで、そうした、真に自由な関係を現実に構築しうる、ということを教えてくれるだれかに出会い、そこではじめて結婚願望を抱く人もいるかもしれません。

2024年から2025年春にかけては、「ふしぎな縁」が結ばれる時間となっています。

さらに２０２５年春以降は、長期的な、ごく真剣な愛情関係が結ばれる時間に入ります。ここから２０３３年までの愛は、おたがいの弱さや欠点を受け入れ合い、よりそい合うような愛となるかもしれません。

あるいは愛の関係を通して、自分のなかにあるもっとも大きな人間的問題に向き合わされるような、非常に重要な体験ができるかもしれません。

・片思い中の人

２０２４年なかばから２０３３年までのなかで、その状況は一変するでしょう。あなたが現状の人間関係を「打開したい」「変えたい」という思いを強く抱くからです。

片思いは、ある意味「縛られた」ような状態です。この時期のあなたは、どんどん人間関係における自由を希求するようになります。ゆえに、片思いという膠着《こうちゃく》状態に縛られることを、あなた自身が嫌うようになるのです。

特に節目となりそうなのは、2024年なかばから2025年6月上旬、そして2026年4月末です。


愛の理想と現実、夢とリアルのギャップに苦しんでいた人は、両者を整合させる試みを始められます。これは、夢をあきらめるとか、現実を無視するとかいうことではなく、両者を重ね合わせる、あるいはすり合わせるような試みです。

2026年2月から2028年にかけて、夢想の世界から抜け出し、現実の愛を生きる決意をする人も多そうです。夢から現実に降り立ったとき、そこで新しい愛の夢、現実のなかで叶えられる理想を見いだすことができるはずです。

・愛の問題を抱えている人

この「3年」は、これ以上ないほどの、徹底的な「愛の問題解決」の時間です。

もっと言えば、2025年に問題解決のルートに入り、2028年、あるいは遅くとも2033年にそのルートを抜け出せるはずなのです。

2025年春から2028年春にかけて、じっくり時間をかけて問題を解決していくことができます。

あるいはもし、別れたいのに別れられない、という状況に苦しんできたなら、遅くとも2033年までには離別が叶うはずです。

この3年の「問題解決」は、決して和やかな、なだらかなものにはなりません。急峻《きゅうしゅん》な崖を越えていくような、あるいは一度距離をとって考え直すような、ある種の厳しさ、シビアさ、ストイックさが求められるのです。

くさいものに蓋をしてきたならば、その蓋をすべて開けさせられます。もし、問題の本質から目を背け、自己弁護を重ねるようなことをしてきてしまったなら、「目を開く」ことを強く促すような出来事が起こる可能性があります。

何もかも自分のせいだと抱え込んだつもりで無為に陥っていた人は、外部に向けて行動せざるを得ないような状況に立たされるでしょう。自分がガマンすればいい、という考え方の誤謬《ごびゅう》に向き合うことになります。

一方、なんでも人のせいにしてしまってきた人は、自分自身を省みることを、状況から強制されるかもしれません。すべての言い訳を無効にされるような、衝撃的な出来事が起こる可能性があります。

「だれのせいか」「だれに原因があるか」「何が為すべき善で、何が是正されるべき悪なのか」といったことについて、ものの見方が180度転換するような出来事が起こるかもしれません。これまでの自分の考え方がまちがっていたと、心から気づかされるような場面があるだろうと思います。そしてそこから、苦悩を脱出する本当の出口が見つかります。

仕事、勉強、お金について

・「働き方改革」の頂点

２０１８年ごろから「働き方改革」を続けてきた人が少なくないはずです。その試行錯誤の「到達点」が２０２４年前半です。今までまいてきた種が全部芽を出すような、劇的な「成果」を目の当たりにできるときなのです。

「そうか、自分はこの光景が見たくて、今までさまざまな工夫や努力を積み重ねてきたのか！」という深い納得と満足を感じられる瞬間が巡ってくるでしょう。

日々のルーティンが完成し、気持ちよく働けるようになるのかもしれません。あるいは、あちこち転職を繰り返してきてついに、「ここだ！」と思える職に出会えるのかもしれません。

優れたスタッフに恵まれ、最高のチームを作る人もいるでしょう。

あるいは、自分の役割や存在意義をずっと模索し続けてきて、ついに「自分の仕事とは、これだ」と思えるポジションを見つけ出せるのかもしれません。

だれもがこの世の中を構成するひとつの歯車なのだとすれば、「自分はこの歯車なのかもしれない」という、今の段階での答えが見つかります。

・「経験」に恵まれる

少々フライングですが、射手座の「社会的成功・キャリアの転機」の時間は、2027年後半から2028年前半に置かれています。ゆえに、この2024年から

2026年の「3年」は、そこに向かう一連の準備段階、訓練段階ととらえることもできます。

実際、2024年前半は一気に経験値を積むチャンスです。すばらしい実体験、実務経験に恵まれます。

さらに、2024年後半から2025年なかばは、人脈を広げるのにぴったりの時間です。公私ともに人間関係に恵まれ、すばらしい出会いのあるときだからです。また、2025年なかばから2026年なかばは、経済的な関係を作ってゆけるときです。よい取引先、ありがたい常連さんなどが増えますし、融資を受けたり、さまざまなリソースを確保したり、そのほかのサポートを受けられる態勢をしっかり整えられます。

そのあと、2026年なかばから2027年なかばは「旅と学びの季節」であり、勉強によって専門性をダイレクトに鍛え上げることができる時間帯となっています。

このように、2027年なかば以降の「山のてっぺん」を目指して、着々と必要なものをそろえつつ、一歩一歩上っていけるのがこの「3年」なのです。

・才能を鍛える

2025年から2028年ごろにかけて、「才能を発掘」する時間となっています。眠っていた才能を引き出されたり、自分から才能をかけるテーマを見いだしたりできるときなのです。

才能や個性で勝負することは、苦しいことでもあります。

実際、この時期に自分の才能を仕事や対外的な場で使っていくことを意識した人は、苦しい修業のような道にみずから入ってゆくことになるでしょう。周囲との実力差に意気消沈したり、イメージどおりのパフォーマンスができずに苦悩したりする場面もあるはずです。本気で取り組んでいるからこそのスランプ、行き詰まりも体験し、それを乗り越えて「本物」になれます。

ほかの人がしないようなことをすること、はみ出ること、「出る杭」になること、自己主張や自己表現などを恐れる人も少なくない昨今ですが、この時期は「失敗してナンボ」です。傷つかずに大きくなる人はいません。自分を鍛えるためには、何度も失敗することが必要になります。

それをするだけの価値がある、と思える希望が、この時期のあなたの胸には燃え続けていて、２０２８年にはそれが正解だったとわかるはずです。

・学びについて

２０４３年までをかけた、長期的な学びの時間に入っています。

この時期に情熱を燃やして始めた勉強は、決して三日坊主にはならないでしょう。

「勉強」には、学生時代の記憶などから、「退屈な、冷たい、厳しいもの」というイメージを抱いている人も少なくありません。

ですがこの「3年」の勉強は、常にゴウゴウと燃え続ける炉のような、非常に熱い営為です。

特に2024年の終わりから2025年前半は、集中的に学んで一気呵成《いっきかせい》に成果を出せるときです。資格取得や昇級試験、なんらかのスキルを身につけるための学びなどで、大チャレンジして大きな結果を出す人が少なくないはずです。

この時期の勉強のカギは「欲」です。知的欲求、人生の深いニーズが、あなたを学びへと駆り立てます。なかには、だれかを出し抜きたいとか、もっとたくさん稼ぎたいなどのダイレクトな「欲」から、勉強に望む人もいるかもしれません。

なんの欲もともなわない勉強は、なかなかはかどらないでしょう。心のなかにある情念と、地の世界とが結びついたときだけ、すばらしい知的成長が叶います。

・お金について

２００８年ごろから「お金」に取り憑かれたようになっていた人もいるかもしれません。もしそうなら、２０２４年の終わりまでには、その状況から抜け出せるでしょう。

一方、２０２４年後半から２０２６年６月にかけては、経済的な関係が外側に、大きく広がる時期となっています。

これまで「自分の手のなかに貯め込むこと・自分の手で積み重ね、生み出すこと」に注力していたのが、ここからは「他者と協力しながら財を育てること・周囲との関係のなかでお金やモノの流れを回し、拡大すること」に意識が向かう、というシフトが起こるのです。ビジネスをしている人は、取引のスケールがひとまわり大きくなりそうです。

パートナーとの経済的な役割分担が変わる可能性もあります。より自由度の高い、おたがいの心が解放されるような役割のあり方を模索できます。

特に2025年なかばから2026年なかばは、パートナーの経済状態が一気に好転する気配があります。その影響を受けて、あなたのふところ具合もあたたかくなるかもしれません。

家族、居場所について

冒頭から書き続けてきたとおり、この「3年」の最大のテーマは「身内・居場所を作る」ことです。引っ越ししたり、新しい家族を得たり、家庭を築いたり、独立したりと、かなり大きな居場所の変化が起こる時期なのです。

こうした変化は、一朝一夕に完了するものではなく、絶対的な時間がかかります。理想を胸に抱きつつ、あくまで現実のなかで生活環境、生活者としての関係性を構築するプロセスを、ステップを飛ばさず、一つひとつ踏んでいく必要があるのです。

・「時間」をかけた問題解決

2023年から2026年頭にかけて、とにかくじっくり家族に向き合う時間となっています。時間をかけ、労力をかけて「居場所を作る」ときなのです。

2024年にはすでに、ある程度方向性が見えていて、粛々と努力を重ねている状態かもしれません。2025年には出口が見えてきて、2026年2月には、完全にそのプロセスが収束します。

家族のことで悩みを抱えても、早ければ2025年5月、遅くても2026年2月までには、悩みは解決しているはずです。

だいじなことは「すぐに答えを出す」ことではなく、その悩みをしっかり生きてみることだと思います。

家族とのことでは特に、時間をかけることに大きな意義があります。徹底的にコミュニケーションをとる必要があるケースもあれば、ただよりそう時間を重ねることころが必要な場合もあるのです。

・家にいるときの「顔」

外に出るときと、家にいるときでは、あなたはキャラクターがかなり、違っているのではないかと思います。

外では明るくオープンなのに、家のなかでは少し偏屈かもしれません。あるいは逆に「内弁慶」で、外に出るとなんとなく消極的になってしまう、という人もいるでしょう。

この「3年」のなかで、あなたは家にいるときの自分の顔を「再構築」しつつあります。「自分は家ではこういうキャラクターだ」というその表情を、徐々に変えつつあるのです。

このプロセスは、２０２４年に始まったものではありません。２０２３年の３月ごろからそうした取り組みを意識し始めている人もいるはずですし、それよりもっと前、２０１２年ごろからそうした試みを続けている人もいそうです。
この試みは２０２６年頭まで続きます。

この3年で悩んだときは——どこで生きるべきか

場所は、相対的に決まります。

ある場所が「どこなのか」を説明するには、ほかの場所を引き合いに出すしかありません。もちろん、緯度経度や東西南北といった座標もありますが、その座標もまた、天体や基準点とされる具体的な場所との相対的な関係で決まっています。

たとえば人の人生を考えるとき、生まれた場所が「起点」のイメージとなることがあります。故郷や生家から「今、どのくらい遠くまで来たか」が、人生の道のりのイメージになります。もちろん、生まれた家で一生をすごす人もいます。この場合、人生と「家」との結びつきは、非常に強固なものとなるはずです。

この「3年」のなかで、あなたは「自分がどんな場所に生きるべきか」という悩みを抱えるかもしれません。

この場所に生きていていいのか。
この人々といっしょに生きていくべきなのか。
自分の本当の居場所は、どこにあるのか。
もしかして、もっと別の場所で生きたほうが、幸福になれるのではないか。
たとえばそんな悩みを抱く人もいるだろうと思います。
さらに、居場所や家族といったテーマに関して、深い深い孤独感、疎外感を抱く人もいるかもしれません。


このままひとりで生きていくしかないのか。

この先、ひとりぼっちになってしまうのではないか。

孤独な生活から抜け出したいが、相手が見つからない。

ひとりの生活はさみしいけれど、だれかと暮らす窮屈さには耐えられない。

幸せそうに暮らしている人々を見るのが、つらい。

子どもやあたたかな家庭など、自分の持っていないものを持っている人を、見たくない。


そんな苦しみが、あなたの胸を何度もよぎるかもしれません。

こうしたつらさを、現代社会では本当に多くの人が抱えています。

家庭を持ち、家族と暮らすことを、あまりに無邪気に当然視する人も多い世の中です。その一方で、そうしたものから遠ざかって暮らすことに不安を抱える人も、まったくマイノリティではありません。

他者と暮らすことは、一般に考えられているほど、簡単なことではありません。人間の生活の大部分は「慣れ」でできていますが、慣れてしまうまでには靴ずれから血が流れるような体験を重ねていかなければならない場合も多々あります。どうしてもおたがいに折り合ったり、受け入れ合ったりすることができず、別れていく人々もたくさんいます。

なかには、パートナーとの暮らしを通して、自分を根本的に変える人もいます。あるいは、ひどいガマンを重ねながら暮らし、相手の人生が終わったとき、その解放感に大喜びするような人もいます。

2024年から2026年の射手座のメインテーマである「居場所を作ること」は、実はそれほどに「むずかしいこと」なのです。

ある場所に住み着くことも、ある人になつくことも、全然簡単なことではありません。

時間も手間もかかり、かけた時間と手間が報われる保証は一切ありません。

ある人は、ネコを保護して何年も大切に飼い、最期を看取ったけれど、結局一度もなついてくれなかった、と語っていました。

ペットにかぎらず、かけた愛情がかならず報われるとはかぎらないのが、家庭生活です。

ひとり暮らしを何よりも愛する人もいます。そういう人に「ひとりはさみしいでしょう」とお節介なことを言う人がいます。自分と他人の生活を比べ、自分のほうが優れていると感じることが「幸福感だ」と信じている人がいます。実におかしな世の中です。

幸福に暮らすことは、だれもが望むことなのに、とてもむずかしいことです。それに真正面から取り組もうというのですから、この「3年」であなたが悩みを抱えたとしても、当然なのです。

この時期の問題解決は、たとえば植物が花を咲かせるタイミングのように、「流れに任せる」しかないところがあります。「そのとき」がこなければ開かない心の扉があり、運命のドアがあるのです。

家族のこと、住処《すみか》のことは、だれもが関心を抱き、ときには自分のキャパシティを超えて努力するテーマです。ですが決して、「思いどおりにコントロール」することはできません。それは植物のように、犬やネコの心のように、人知を超えたルールに則っていて、理解できない部分を含んでいます。

この時期、あなたが悩みを抱えたら、どうかそのことを思い出していただきたいと思います。

春、桜が咲く日をだれも正確に予言することができないように、あなたの居場所の悩みがどのようにいつ、着地するのか、そのことは予測できません。

それでも、あなたがそのことに悩み、迷い、学び、考え続けることに、意味はあります。それ自体があなたの愛情の証であり、その愛情を生きたという事実自体が、あなたの人生を創り上げる大きなレンガだからです。

たとえ相手がそれに応えてくれなくとも、あなた自身にとって、その悩みには意義があります。

さらに言えばこの「３年」のなかで、あなたの努力はきっと報われると、星は強く指し示しています。

4

3年間の星の動き

2024年から2026年の星の動き

星占いにおける「星」は、「時計の針」です。

12星座という「時計の文字盤」を、「時計の針」である太陽系の星々、すなわち太陽、月、地球を除く7個の惑星と冥王星（準惑星です）が進んでいくのです。

ふつうの時計に長針や短針、秒針があるように、星の時計の「針」である星たちも、いろいろな速さで進みます。

星の時計でいちばん速く動く針は、月です。月は1カ月弱で、星の時計の文字盤である12星座をひと巡りします。ですから、毎日の占いを読むには大変便利ですが、本書であつかう「3年」といった長い時間を読むには不便です。

年単位の占いをするときまず、注目する星は、木星です。木星はひとつの星座に1年ほど滞在し、12星座を約12年でまわってくれるので、年間占いをするのには大変便利です。

さらに、ひとつの星座に約2年半滞在する土星も、役に立ちます。土星はおよそ29年ほどで12星座を巡ります。

もっと長い「時代」を読むときには、天王星・海王星・冥王星を持ち出します。

本書の冒頭からお話ししてきた内容は、まさにこれらの星を読んだものですが、本章では、木星・土星・天王星・海王星・冥王星の動きから「どのように星を読んだのか」を解説してみたいと思います。

木星：1年ほど続く「拡大と成長」のテーマ
土星：2年半ほど続く「努力と研鑽」のテーマ
天王星：6～7年ほどにわたる「自由への改革」のプロセス
海王星：10年以上にわたる「理想と夢、名誉」のあり方
冥王星：さらにロングスパンでの「力、破壊と再生」の体験

2024年から2026年の「3年」は、実はとても特別な時間となっています。というのも、長期にわたってひとつの星座に滞在する天王星・海王星・冥王星の3星が、そろって次の星座へと進むタイミングだからです。

天王星は2018年ごろ、海王星は2012年ごろ、冥王星は2008年ごろ、それぞれ前回の移動を果たしました。この「3年」での移動は、「それ以来」の動きということになります。

たとえば、前々回天王星が牡羊座入りした２０１１年は東日本大震災が、冥王星が山羊座入りした２００８年はリーマン・ショックが起こるなど、長期的な時間を刻む星々が「動く」ときは、世界中が注目するようなビビッドな出来事が起こりやすいというイメージもあります。

もちろん、これは「星の影響で地上にそうした大きな出来事が引き起こされる」ということではなく、ただ私たち人間の「心」が、地上の動きと星の動きのあいだに、そのような象徴的照応を「読み取ってしまう」ということなのだと思います。

とはいえ、私がこの稿を執筆している２０２２年の終わりは、世界中が戦争の緊張に心を奪われ、多くの国がナショナリズム的方向性を選択しつつある流れのなかにあります。また、洪水や干ばつ、広範囲の山火事を引き起こす異常気象に、世界の多くのエリアが震撼する状況が、静かにエスカレートしている、という気配も感じられます。

この先、世界が変わるような転機が訪れるとして、それはどんなものになるのか。

具体的に「予言」するようなことは、私にはとてもできませんが、長期的な「時代」を司《つかさど》る星々が象徴する世界観と、その動きのイメージを、簡単にではありますが以下に、ご紹介したいと思います。

ちなみに、「3年」を考える上でもっとも便利な単位のサイクルを刻む木星と土星については、巻末に図を掲載しました。過去と未来を約12年単位、あるいは約30年スパンで見渡したいようなとき、この図がご参考になるはずです。

・海王星と土星のランデヴー

２０２３年から土星が魚座に入り、海王星と同座しています。２星はこのままよりそうようにして、２０２５年に牡羊座に足を踏み入れ、一度魚座にそろって戻ったあと、２０２６年２月には牡羊座への移動を完了します。

魚座は海王星の「自宅」であり、とても強い状態となっています。海王星は２０

１２年ごろからここに滞在していたため、２０２５年は「魚座海王星時代、終幕の年」と位置づけられるのです。

射手座から見て、魚座は「居場所、家族、ルーツ、住環境」などを象徴する場所です。

この場所に土星と海王星が同座する２０２５年までの時間は、居場所や家族、家といったテーマに、時間をかけて取り組むことになります。特に、家族や家に対して新たな責任を引き受けることになる人が多いでしょう。これまではどちらかと言えば「守られる立場」だったのが、ここからは自分自身が「大黒柱」となるような、そんな大きな立場の変化が起こる可能性があります。物理的・現実的な関係の変化だけでなく、精神的な関係性の変化が起こるのも、この時期の特徴です。場合によっては過去にさかのぼって、たがいの記憶や感情のすり合わせをする必要も出てくるかもしれません。

ここでの家族や家、居場所についての取り組みは、あなた自身の心のいちばん深いところまで降りていくような試みでもあります。心象風景と生活環境がふしぎなかたちで共鳴し、新しい生活世界ができあがっていきます。

2025年から2026年頭にかけて、土星と海王星は射手座にとっての「恋愛、好きなこと、趣味、子ども、クリエイティブな活動、才能、遊び、ペット」の場所へと歩を進めます。ここから2028年、あるいは2039年ごろにかけて、あなたは愛や創造的な活動に関して、新しい理想を打ち立て、それを現実に変えてゆくことになるでしょう。たとえば、今まで特に疑問も持たずに愛好していたジャンルに対し、根源的な疑念を抱く、といったことが起こるかもしれません。あるいは、恋人やパートナーとの愛情関係において、時間をかけて取り組むべき課題が浮上するのかもしれません。

「子ども、ペット」というテーマは、「時間をかけて育てる」「育てることによって自分が成長する」ことを指し示します。たとえばこの時期、はじめてペットを迎え、新鮮な経験を積み重ね、新しい愛の世界を知る、といった体験をする人もいるかもしれません。

・木星と天王星、発展と成長のルート

成長と拡大と幸福の星・木星は、この3年をかけて、牡牛座から獅子座までを移動します。

特徴的なのは、この時期天王星も、木星を追いかけるようにして牡牛座から双子座へと移動する点です。天王星が牡牛座入りしたのは２０１８年ごろ、２０２４年に入る段階では、木星とこの天王星が牡牛座で同座しています。２０２５年、木星は6月上旬まで双子座に滞在します。追って7月7日、天王星が双子座へと入宮するのです。

天王星と木星の共通点は、両者が自由の星であり、「ここではない、どこか」へ

と移動していく星であるということです。何か新しいものや広い世界を求めて、楽天的にどんどん移動していこう、変えていこうとするのが2星に共通する傾向です。

2星には違いもあります。

木星は拡大と成長の星で、膨張の星でもあります。物事をふくらませ、袋のようにぽんぽんいろんなものをなかに入れていくことができる、ゆたかさの星です。一方の天王星は、「分離・分解」をあつかいます。「改革」の星でもある天王星は、古いものや余計なものを切り離していく力を象徴するのです。天王星が「離れる」星なら、木星は「容れる」星です。

2024年前半、木星と天王星は射手座から見て「就労条件、日常生活、習慣、訓練、義務、責任、役割、健康状態」をあつかう場所に同座しています。

2018年ごろから、働き方や暮らし方、周囲の人々との役割分担のあり方、健康法などをバージョンアップし続けてきた人が多いはずです。その成果がこの時期に、はっきりと現れるのかもしれません。過去数年のなかであなたがひたむきに開発してきた機械、あるいは敷き続けてきたレールを、ここで一気に「実用化」「本番運用」に持ちこむことになるのかもしれません。

これまでの試行錯誤が現実のなかでどのような効果を表すか、時間をかけて検証できます。そして、その利益、果実を手にすることができるときと言えます。

2024年なかばから2025年なかば、木星は「パートナーシップ、人間関係、交渉、対立、契約、結婚」へと移動します。前述のとおり、天王星も2025年から2026年のなかでこの場所に移動してきます。ゆえにこの木星入りはどこか「先遣隊」的な動きとも言えます。

公私ともに、人生を変えるような出会いがあるかもしれません。人間関係が大きく進展しそうですし、人との関わりを通して成長できるときです。

実はこの位置の木星は、星占い的には少々、持ち味が出にくいとされています。

相手に合わせる窮屈さ、自分以外のだれかの都合や存在、感情に振り回されることへの困惑などが、この時期、心を占めやすいかもしれません。でも、それはあくまで一時的なことです。関係性ができあがってゆくにつれて、窮屈だった革靴が身体の一部となるように、なじみます。

２０２５年なかば、木星はあなたにとって「他者の財、パートナーの経済状態、性、遺伝、継承、贈与、経済的な人間関係」の場所に移動します。

経済活動において大きな飛躍が起こるかもしれません。

周囲から得られる恩恵が増幅し、それをどう運用するか、という課題に取り組むことになります。

特別なギフトを受け取ったり、価値あるものを受け継いだりする人もいるでしょう。タナボタ的な「恵み」もあるかもしれません。

さらに２０２６年なかばから２０２７年なかば、木星は「冒険、学問、高等教育、遠方への旅や移動、専門分野、親戚縁者、宗教、理想」の場所に入ります。旅と学びの季節の到来です。

生来、旅を愛するあなたですが、そのいちばん好きな活動に思いきり取り組めそうです。時間をかけた旅行をする人もいれば、留学や長期出張、移住など、大スケールの移動をする人もいるはずです。

・冥王星の移動

２０２４年11月、冥王星が山羊座から水瓶座への移動を完了します。この移動は２０２３年３月から始まっており、逆行、順行を繰り返して、やっと２０２４年に「水瓶座へ入りきる」ことになるのです。冥王星が山羊座入りしたのは２００８年、前述のとおりリーマン・ショックが起こったタイミングでした。

冥王星は「隠された大きな財、地中の黄金、大きな支配力、欲望、破壊と再生、生命力」等を象徴する星とされます。この星が位置する場所の担うテーマは、私たちを否応ない力で惹きつけ、支配し、振り回し、絶大なるエネルギーを引き出させたあと、不可逆な人間的変容を遂げさせて、その後静かに収束します。

2008年から冥王星が位置していた山羊座は、射手座から見て「お金、所有、獲得、経済活動、ゆたかさ、実力」などを象徴する場所です。

2008年から2023年に至るまで、あなたの経済活動は一変してきたはずです。非常に大きな財を作った人、「ひと山当てた」人もいるでしょう。

その一方で、一時的にすべてを失った人、経済的な大失敗のあとに、一つひとつ新たに積み上げ、結果としてかつてよりも強い経済力を身につけた、といった波瀾のストーリーを歩んできた人もいるだろうと思います。

どちらかと言えばお金や経済活動に「執着」してきた経緯があったかもしれません。そしてこのお金への執着は、もともとのあなたの生き方にはあまりフィットしないものだったかもしれません。

２０２４年が終わるころ、「今まで、黄金の夢に取り憑かれていた」と我に返るような経験をする人もいるはずです。


２０２４年、冥王星が移動していく先の水瓶座は、射手座から見て「コミュニケーション、学び、移動、兄弟姉妹、地域コミュニティ、短い旅」などを象徴する場所です。ここから２０４３年にかけて、生まれ変わるような旅ができそうです。あるいは、だれかとの根の深い議論を通して、人生や価値観が一変する人もいるでしょう。

考え方が根本的に変容するプロセスでは、プライドが深く傷ついたり、自信を喪失したりする人もいます。

信じてきたものを手放し、新しいものを信じる過程で、深いシニスムや虚無感に飲み込まれる人もいます。価値観が変わるという体験は、危険をともなうのです。

でも、この時期のあなたはそうした危険なルートを通り、見事、新天地にたどり着くことになるはずです。

5

射手座の世界

射手座について

射手座は、ケンタウロス族の名医ケイロンをかたどったもの、と言い伝えられています。半人半馬のケンタウロス族には珍しく高い知性を持ったケイロンは医師であり、哲学者であり、英雄たちの教育者でもありました。

ケイロンは神クロノスの子であり、不死身の身体を持っています。

あるとき、矢傷を負ったケンタウロスが、助けを求めてケイロンのもとに逃げ込んできました。医師であるケイロンは治療に当たりますが、その際、誤って毒矢でかすり傷を負ってしまい、死の苦しみに襲われました。しかし、不死の命を持つ彼は、死によって苦痛から逃れることができません。苦痛に耐えかねたケイロンは神に祈り、自分の不死の命をプロメテウスにゆずりました。

高い知性と運動能力を備えたケイロンは、射手座のイメージにぴったり当てはまります。射手座は哲学を愛し、書物を愛する人々であると同時に、決して書斎に閉じこもることなく外に出て活動し、ときには遠い世界へと旅をする星座だからです。教育者としてのケイロンの顔もまた、射手座の世界観に通じます。射手座の人々は、その明るいコミュニケーション能力と、偉ぶることのないフランクな態度で、若い人々に向けて高い理想を語る力に恵まれているからです。

見聞を広げ、深遠な学問に触れ、世の中の光と闇の部分の両方に通じながら、射手座の人々は決して、理想への希望を失うことがありません。「この世に真理などない」というシニスムに陥る人々の前に立ち、堂々と「私はそうは思わない」と言えるのが、射手座の真骨頂なのです。

私たちが生きる現実は、どこを見ても悲惨で残酷で、理不尽に満ちていて、どこに真理があるのかと絶望するほうがむしろ、簡単です。悪は大きければ大きいほど罰されないような世の中です。

そうした、現実世界の「暗さ」に、射手座の人々は決して、目をつぶりません。人には無意識の悪意や利己心があります。その一方で、良心や善意、やさしさ、よりよい未来を目指して世の中を変えてゆく力もある、と考えられています。どんなに現実が混沌としていても、人間の美しい部分には、かならず可能性がある、と信じ続けられるのが、射手座の世界観なのです。

しかし、射手座の人々の心にはふしぎな諦念、厭世観《えんせい》がひそんでいることも事実です。まるで、勢いよく飛んでいった矢が徐々に失速し、力なく地に落ちてしまうような、そんな無力感が射手座の人の心の奥には、影のように隠れているのです。

この影が表に姿を現すとき、彼らは妙に投げやりになります。ふだんなら周到に準備して成功させられるはずのことを無謀に実行し、すべてを破綻させてしまいます。あるいは、奇妙な無責任さですべてを放り出し、姿を消してしまいます。「ぷいとどこかへ行ってしまう」という表現がふさわしいような行動をとり、それについてほとんど、省みることがありません。

ですが、射手座の人々のふしぎさは、矢が落ちたそのあとです。矢を拾い、もう一度弓につがえて射ようとする時期がいつか、やってくるのです。

射手座の人々がその旅路で目指す場所は、理想や希望など、観念的なイメージでできています。その観念が最終的に、物理的な場所や人のかたちをとるのですが、そのかたちを認識するには、とにかく旅を続けるしかないのです。

あなたの希望や理想は、いつか「受肉」します。その瞬間まで歩き続けるのが、射手座の人生の旅なのだと思います。

おわりに

これでシリーズ4作目となりました「3年の星占い」、お手にとってくださって誠にありがとうございます。

これまで毎回、冒頭にショートショートを書いてきたのですが、今回はあえて小説の形式をやめ、「象徴の風景」を描いてみました。

というのも、2024年から2026年は長い時間を司る星々が相次いで動く、特別な時間だったからです。天王星、海王星、冥王星の象徴する世界観は、無意識や変革、再生といった、かなり抽象的なテーマを担っています。日常語ではとらえにくいことをたくさん書くことになるので、思いきって「シンボル」自体にダイレクトに立ち返ってみよう、と思った次第です。

もといい、これまでの冒頭のショートショートにも、たくさんの象徴的隠喩を仕込んできました。あの短い小説のなかに、「3年」のエッセンスをぎゅっと詰め込む工夫をするのは、毎回、私の大きな楽しみでした。ただ、あのような「匂わせ」のかたちでは、今度の「3年」の大きさ、力強さが表しにくいと思ったのです。

「花言葉」が生まれたのは、直接思いを言葉にすることがマナー違反とされた時代だったそうです。心に秘めた思いを花に託して、人々はメッセージを伝えようとしたのです。「あなたを愛しています」と伝えるために、真っ赤なバラを贈るしかなかった世の中では、すべてのものがメッセージに見えていたのかもしれません。赤いバラを手渡して、相手に愛を理解してもらおうとするのは、「隠喩」「アナロジー」の原点だろうと思います。

当たるか当たらないかにかかわらず、「射手座の人に、向こう3年、何が起こるか」ということを個別具体的に書くことはほぼ、不可能です。というのも、「射手座の人」といっても十人十色、本当にさまざまな立場、状況があるはずだからです。可能性のあるすべての出来事を箇条書きにするようなことができなくはないかもしれませんが、それでは、なんのことだかかえってわからなくなってしまいます。ゆえに、こうした占いの記事は「隠喩」でいっぱいにならざるを得ません。

かのノストラダムスも、直接的な表現はほとんどしていません。彼は詩で占いを書き、後世の人々がその隠喩をさまざまに「解読」しようとしました。本書のような生活に根ざした「実用書」であっても、読み手側のすることはほとんど変わらないように思えます。すなわち、自分に起こりそうな出来事、すでに起こっている出来事と占いを照らし合わせ、そのシンボリズムを解読、デコードしていくのです。

ゆえに占いは、どんなに現実的なものであっても、「謎解き」の部分を含んでいて、神秘的です。そこには、解読されるべき秘密があるのです。

そして私たちの心にもまた、それぞれに自分だけの秘密があります。だれもがスマートフォンでSNSに接続し、どんなことでもテキストや動画で伝え合って「共有」している世の中では、まるで秘密などないようにあつかわれています。ですがそれでも、私たちの心にはまだ、だれにも打ち明けられない秘密があり、内緒話があり、まだ解かれない謎があります。

だれかに語った瞬間に特別なきらめきを失ってしまう夢もあります。だれの胸にもそんな、大切に守られなければならない秘密や夢があり、その秘密や夢を、希望といううっすらとした靄《もや》がくるみこんでいるのだと思います。

これだけ科学技術が発達してもなお、占いは私たちの「心の秘密」の味方です。本書が、この3年を生きるあなたにとって、ときどき大切な秘密について語り合えるささやかな友となれば、と願っています。

太陽星座早見表
(1930 ～ 2027年／日本時間)

太陽が射手座に入る時刻を下記の表にまとめました。
この時間以前は蠍座、この時間以後は山羊座ということになります。

生まれた年	期　間
1954	11/23 5:14 ～ 12/22 18:23
1955	11/23 11:01 ～ 12/23 0:10
1956	11/22 16:50 ～ 12/22 5:59
1957	11/22 22:39 ～ 12/22 11:48
1958	11/23 4:29 ～ 12/22 17:39
1959	11/23 10:27 ～ 12/22 23:33
1960	11/22 16:18 ～ 12/22 5:25
1961	11/22 22:08 ～ 12/22 11:18
1962	11/23 4:02 ～ 12/22 17:14
1963	11/23 9:49 ～ 12/22 23:01
1964	11/22 15:39 ～ 12/22 4:49
1965	11/22 21:29 ～ 12/22 10:39
1966	11/23 3:14 ～ 12/22 16:27
1967	11/23 9:04 ～ 12/22 22:15
1968	11/22 14:49 ～ 12/22 3:59
1969	11/22 20:31 ～ 12/22 9:43
1970	11/23 2:25 ～ 12/22 15:35
1971	11/23 8:14 ～ 12/22 21:23
1972	11/22 14:03 ～ 12/22 3:12
1973	11/22 19:54 ～ 12/22 9:07
1974	11/23 1:38 ～ 12/22 14:55
1975	11/23 7:31 ～ 12/22 20:45
1976	11/22 13:22 ～ 12/22 2:34
1977	11/22 19:07 ～ 12/22 8:22

生まれた年	期　間
1930	11/23 9:34 ～ 12/22 22:39
1931	11/23 15:25 ～ 12/23 4:29
1932	11/22 21:10 ～ 12/22 10:13
1933	11/23 2:53 ～ 12/22 15:57
1934	11/23 8:44 ～ 12/22 21:48
1935	11/23 14:35 ～ 12/23 3:36
1936	11/22 20:25 ～ 12/22 9:26
1937	11/23 2:17 ～ 12/22 15:21
1938	11/23 8:06 ～ 12/22 21:12
1939	11/23 13:59 ～ 12/23 3:05
1940	11/22 19:49 ～ 12/22 8:54
1941	11/23 1:38 ～ 12/22 14:43
1942	11/23 7:30 ～ 12/22 20:39
1943	11/23 13:22 ～ 12/23 2:28
1944	11/22 19:08 ～ 12/22 8:14
1945	11/23 0:55 ～ 12/22 14:03
1946	11/23 6:46 ～ 12/22 19:52
1947	11/23 12:38 ～ 12/23 1:42
1948	11/22 18:29 ～ 12/22 7:32
1949	11/23 0:16 ～ 12/22 13:22
1950	11/23 6:03 ～ 12/22 19:12
1951	11/23 11:51 ～ 12/23 0:59
1952	11/22 17:36 ～ 12/22 6:42
1953	11/22 23:22 ～ 12/22 12:30

生まれた年	期　間
2003	11/23 2:44 ～ 12/22 16:04
2004	11/22 8:23 ～ 12/21 21:42
2005	11/22 14:16 ～ 12/22 3:35
2006	11/22 20:03 ～ 12/22 9:22
2007	11/23 1:51 ～ 12/22 15:08
2008	11/22 7:45 ～ 12/21 21:04
2009	11/22 13:24 ～ 12/22 2:47
2010	11/22 19:16 ～ 12/22 8:39
2011	11/23 1:09 ～ 12/22 14:30
2012	11/22 6:51 ～ 12/21 20:12
2013	11/22 12:49 ～ 12/22 2:11
2014	11/22 18:39 ～ 12/22 8:03
2015	11/23 0:26 ～ 12/22 13:48
2016	11/22 6:24 ～ 12/21 19:44
2017	11/22 12:06 ～ 12/22 1:28
2018	11/22 18:03 ～ 12/22 7:23
2019	11/23 0:00 ～ 12/22 13:20
2020	11/22 5:41 ～ 12/21 19:02
2021	11/22 11:35 ～ 12/22 0:59
2022	11/22 17:22 ～ 12/22 6:48
2023	11/22 23:04 ～ 12/22 12:27
2024	11/22 4:58 ～ 12/21 18:21
2025	11/22 10:37 ～ 12/22 0:03
2026	11/22 16:24 ～ 12/22 5:50
2027	11/22 22:17 ～ 12/22 11:42

生まれた年	期　間
1978	11/23 1:05 ～ 12/22 14:20
1979	11/23 6:54 ～ 12/22 20:09
1980	11/22 12:41 ～ 12/22 1:55
1981	11/22 18:36 ～ 12/22 7:50
1982	11/23 0:23 ～ 12/22 13:37
1983	11/23 6:18 ～ 12/22 19:29
1984	11/22 12:11 ～ 12/22 1:22
1985	11/22 17:51 ～ 12/22 7:07
1986	11/22 23:44 ～ 12/22 13:01
1987	11/23 5:29 ～ 12/22 18:45
1988	11/22 11:12 ～ 12/22 0:27
1989	11/22 17:05 ～ 12/22 6:21
1990	11/22 22:47 ～ 12/22 12:06
1991	11/23 4:36 ～ 12/22 17:53
1992	11/22 10:26 ～ 12/21 23:42
1993	11/22 16:07 ～ 12/22 5:25
1994	11/22 22:06 ～ 12/22 11:22
1995	11/23 4:01 ～ 12/22 17:16
1996	11/22 9:49 ～ 12/21 23:05
1997	11/22 15:48 ～ 12/22 5:06
1998	11/22 21:34 ～ 12/22 10:55
1999	11/23 3:25 ～ 12/22 16:43
2000	11/22 9:19 ～ 12/21 22:36
2001	11/22 15:02 ～ 12/22 4:22
2002	11/22 20:55 ～ 12/22 10:14

石井ゆかり（いしい・ゆかり）

ライター。星占いの記事やエッセイなどを執筆。情緒のある文体と独自の解釈により従来の「占い本」の常識を覆す。120万部を超えた「12星座シリーズ」のほか、多くのベストセラー&ロングセラーがある。『月で読む あしたの星占い』『新装版 12星座』（すみれ書房）、『星占い的思考』（講談社）、『禅語』『青い鳥の本』（パイインターナショナル）、『星ダイアリー』（幻冬舎コミックス）ほか著書多数。

LINEや公式Webサイト、Instagram、Threads等で毎日・毎週・毎年の占いを無料配信中。

公式サイト「石井ゆかりの星読み」https://star.cocoloni.jp/

インスタグラム　@ishiiyukari_inst

[参考文献]

『完全版 日本占星天文暦 1900年～2010年』
魔女の家BOOKS　アストロ・コミュニケーション・サービス

『増補版 21世紀占星天文暦』
魔女の家BOOKS　ニール・F・マイケルセン

『Solar Fire Ver.9』（ソフトウエア）
Esotech Technologies Pty Ltd.

[本書で使った紙]

本文	アルトクリームマックス
口絵	OK ミューズガリバーアール COC ナチュラル
表紙	バルキーボール白
カバー	ジェラード GA プラチナホワイト
折込図表	タント L-69

3年の星占い　射手座
2024年-2026年

2023年11月20日第1版第1刷発行
2024年10月17日　　　第3刷発行

著者
石井ゆかり

発行者
樋口裕二

発行所
すみれ書房株式会社
〒151-0071　東京都渋谷区本町6-9-15
https://sumire-shobo.com/
info@sumire-shobo.com〔お問い合わせ〕

印刷・製本
中央精版印刷株式会社

ISBN978-4-909957-37-5　　Printed in Japan
NDC590　159 p　15㎝